ZAM[illegible]CH

ZBIGNIEW KASPRUK

ZK Publishing House

Jest Boże Narodzenie, tuż przed południem. Powietrze w domu jest gęste od zapachów świątecznych potraw, ale teraz wydaje się duszne, jakby coś czaiło się w cieniu. Kaczka płaszczy się w piekarniku, jej skóra rumieni się powoli, a aromat pieczonego mięsa zaczyna płynąć pomiędzy ścianami domu jak rekin w zbyt małym akwarium, wypełniając każdy kąt nutami ziół i czosnku, które nagle wydają się zbyt ostre, zbyt natarczywe. Syczy tłuszcz na blasze, krople skwierczą i pryskają z wściekłością, tworząc symfonię dźwięków, która kontrastuje z ciszą za oknem – ciszą, która teraz brzmi jak, przysłowiowa, cisza przed burzą. Ciepło piekarnika bije falami, rozgrzewając kuchnię do granic wytrzymałości, podczas gdy na zewnątrz grudniowy poranek jest chłodny i szary, z lekkim przymrozkiem osiadającym na szybach jak cienka warstwa lodu, gotowa pęknąć w każdej chwili.

Siedzimy przy stole, na którym piętrzą się przygotowania do wigilijnej kolacji – misternie zdobione pierniki w kształcie gwiazdek i choinek, polane lukrem i posypane kolorowymi perełkami, które teraz wyglądają jak fałszywe uśmiechy; misa z sałatką jarzynową, gdzie marchewki i groszek mieszają się z majonezem w kremowej masie, ale widzę, jak drży łyżka w dłoni narzeczonej; i butelka czerwonego wina, które czeka na wieczór, jego etykieta lśni w świetle lampy, ale kolor przypomina krew.

Moja narzeczona, z uśmiechem na twarzy, który teraz wydaje się wymuszony, układa serwetki, a córka, z rumieńcami podniecenia, pomaga jej, układając talerze drżącymi rączkami. "Tato, zobacz, jak ładnie wyszły te pierniki! Namalowałam na nich renifery!" – mówi córka, jej głosik pełen dziecięcej radości, ale z nutką niepewności, jakby wyczuwała nadciągające chmury. "Wyglądają świetnie, kochanie. Będą hitem wieczoru" – odpowiadam, głaszcząc ją po głowie, choć moje palce zaciskają się mocniej, niż powinny. Narzeczona pochyla się nad stołem, jej oczy błyszczą, ale nie tylko od radości – widzę w nich cień troski. "A pamiętasz, jak w zeszłym roku prawie spaliliśmy kaczkę? Tym razem będzie idealna. Nie mogę się doczekać, aż wszyscy usiądziemy razem" – dodaje, a ja kiwam głową, czując ciepło tej chwili, które nagle parzy jak ogień. W mojej głowie kołacze się myśl: ile takich chwil jeszcze nam pozostało? Widziałem rzeczy, o których nie mogę mówić – sytuacje, gdzie jeden błąd mógł kosztować życie, nie tylko moje. Te momenty zostają: bezsenne noce, gdy analizuję, czy mogłem zrobić coś inaczej, twarze ludzi, których nie udało się ochronić, albo chłód w głosie informatora, który wie, że może nie dożyć jutra. To się gromadzi, jak kurz w kącie, którego nie da się wymieść. Nawet teraz, przy opłatku, czuję to napięcie – jakbym był w połowie tutaj, a w połowie tam, w świecie, gdzie zaufanie to luksus, na który rzadko mogę sobie pozwolić.

Najgorsze są chwile, gdy widzę, jak to wpływa na rodzinę. Córka czasem pyta, dlaczego jestem smutny, choć się uśmiecham. Narzeczona zauważa, że zerkam na telefon, nawet gdy obiecałem, że dziś jestem tylko dla nich. Nie mówię im o koszmarach, o tym, jak czasem budzę się zlany potem, bo śnił mi się wybuch albo czyjś krzyk. Nie chcę, by widziały we mnie agenta – chcę być tatą, partnerem, a nie facetem, który niesie do domu echo służby.

Te blizny sprawiają, że trudniej mi się śmiać, trudniej odpuścić. Boję się, że z czasem stanę się dla nich obcym – kimś, kto kocha, ale nie umie tego pokazać, bo w środku walczy z demonami, których nie da się wyjaśnić. Przy stole wigilijnym próbuję odłożyć to wszystko na bok, chwycić każdą sekundę z nimi, ale myśl w głowie wraca: ile takich chwil jeszcze zdołam ocalić, zanim służba zabierze to, co we mnie zostało?

Nagle odzywa się moja komórka – wibruje na stole z uporem, przerywając idylliczny moment jak alarm bombowy. To dzwoni agencja. Ekran miga numerem, który znam na pamięć, a moje serce zamiera na ułamek sekundy, zanim zacznie bić jak oszalałe. Staram się nie pokazać niepokoju, ale dłoń mi drży, gdy podnoszę telefon. "Przepraszam, to z pracy" – mówię szybko, wstając od stołu, czując, jak powietrze gęstnieje. Córka patrzy na mnie wielkimi oczami, pełnymi błagania. "Ale tato, to święta! Nie możesz poczekać? Proszę..." – pyta z nutką żalu, jej głos łamie się na końcu. Narzeczona marszczy brwi, jej twarz bladnie. "Dziś? Naprawdę muszą dzwonić właśnie teraz? Co jeśli to coś poważnego? Nie idź, błagam" – wzdycha, ale kiwa głową, rozumiejąc, że to nieuniknione, choć jej oczy mówią co innego – strach, gniew, bezradność.

Centrum dowodzenia agencji czeka na mój telefon na ich bezpiecznej linii. Dzwonię natychmiast, wchodząc do sąsiedniego pokoju, by nie niepokoić rodziny, choć wiem, że napięcie już wisi w powietrzu jak miecz Damoklesa. W słuchawce słychać napięcie, niemal namacalne, jak statyczne trzaski w eterze, przerywane odległym szumem, który brzmi jak tykanie zegara bomby. Głos po drugiej stronie jest suchy, profesjonalny, ale podszyty pilnością, która wciska się w moje uszy jak ostrze. "Janusz, mamy sytuację. Zamach na życie prezydenta zaplanowany za mniej więcej dwie godziny. Zamachowiec zbliża się do granic Warszawy w samochodzie wypchanym ładunkami wybuchowymi, bronią ręczną i automatyczną. Dane wskazują, że to nie blef – ma wsparcie, możliwe powiązania z siatką terrorystyczną. Musisz być na miejscu natychmiast. Koordynaty wysyłamy na zabezpieczony kanał, ale czas ucieka. Jeden błąd, i miasto stanie w płomieniach" – mówi szybko, bez zbędnych wstępów, a każde słowo jest mroczne i zaszczute zlem Informacje, które otrzymuję, są jak cios w żołądek – wizja chaosu, eksplozji, krzyków, krwi na ulicach, zagrożenia dla całego miasta, dla mojej rodziny. "Rozumiem. Będę za kwadrans" – odpowiadam krótko, czując, jak adrenalina zaczyna krążyć w żyłach jak trucizna, przyspieszając oddech, zaciskając gardło.

Wracam do kuchni, a moja narzeczona i córka patrzą na mnie pytająco, ich twarze, jeszcze przed chwilą rozpromienione, teraz ściągają się w wyrazie rozczarowania i niepokoju, który graniczy z paniką. Córka chwyta moją rękę mocno, jej palce są zimne jak lód. "Tato, nie jedziesz, prawda? Obiecałeś, że spędzimy święta razem! Co jeśli coś ci się stanie?" – mówi drżącym głosem, jej oczy wilgotnieją, łzy wiszą na rzęsach. Narzeczona wstaje gwałtownie, podchodzi bliżej, jej oddech jest płytki. "Co się stało? To poważne? Widzę po twojej twarzy... Nie możesz tego odłożyć na jutro? A jeśli nie wrócisz? Myślisz, że damy radę bez ciebie?" – pyta, jej głos pełen troski, ale i frustracji, która przechodzi w desperację, tuląc córkę do siebie. "Kochanie, to nie zależy ode mnie. Coś pilnego w agencji – zagrożenie, którego nie mogę zignorować. Muszę jechać, ale postaram się wrócić jak najszybciej. Obiecuję" – mówię, starając się brzmieć uspokajająco, choć wiem, że to puste słowa, a w mojej głowie wirują obrazy: wybuch, ruiny, strata. Muszę je opuścić, cholera wie na jak długo, a co jeśli to na zawsze? Całuję obydwie panie w policzki – córkę w czubek głowy, czując zapach jej włosów, narzeczoną w usta, smakujące gorzko od łez. "Muszę jechać" – mówię cicho, a w moim głosie słychać przeprosiny, których nie jestem w stanie w pełni wyrazić, przebijane przez echo tykającego zegara w mojej głowie. "Bądź ostrożny. I wracaj do nas, proszę. Bez ciebie to nie będą święta" – szepcze narzeczona, tuląc mnie mocno, jej serce bije szybko przy moim. Córka dodaje łamiącym się głosikiem: "Tato, weź piernika na drogę. Żebyś pamiętał o nas... i wrócił".

Ten uścisk Marty przypomniał o naszej pierwszej miłości. Wspominam dom w Konstancinie otulony ciepłym blaskiem świątecznych światełek, migoczących jak złote iskry na choince w salonie. Powietrze gęste od aromatów pieczonej kaczki, cynamonu i wanilii z pierników, miesza się z delikatnym zapachem lawendy z kominka, gdzie trzaska ogień, rzucając pomarańczowe refleksy na ściany w kolorze kremowej wanilii. Pokój sypialny jest oazą ciepła: duże łóżko z puchową pościelą w odcieniach bursztynu i miedzi, miękkie poduszki jak chmury, a na nocnym stoliku lampka z abażurem w kolorze miodu, rozświetlająca skórę kochanków delikatnym, złotym światłem. Za oknem grudniowa noc szepcze mroźnym wiatrem, ale wewnątrz panuje gorąco – nie tylko od kominka, ale od nagromadzonego napięcia, które pali jak ukryty żar, gotowy wybuchnąć w płomień.

Siedzę przy wigilijnym stole, a zapach piernika miesza się z ciepłym światłem świec, które tańczą na twarzy mojej córki. Ona próbuje skupić się na układaniu puzzli z wizerunkiem zimowego krajobrazu, które dostała pod choinkę, ale widzę, jak jej palce drżą lekko, a oczy co chwilę uciekają w stronę okna, jakby nasłuchiwała, czy nie zadzwoni mój telefon. Moja praca w ABW, ten niewidzialny cień zagrożeń, który noszę ze sobą, wdziera się w jej naukę jak zimny wiatr przez uchylone drzwi, kradnąc koncentrację i radość z odkrywania świata, którą powinno mieć dziecko w jej wieku. Narzeczona opowiada mi, że w szkole córka coraz częściej jest rozkojarzona, jakby jej myśli błądziły gdzieś daleko. Nauczycielka dzwoniła niedawno – mówiła, że podczas lekcji matematyki, gdy reszta klasy rozwiązuje zadania, moja mała siedzi z ołówkiem w dłoni, patrząc w pustkę, a potem nagle pyta: „A co, jeśli tata nie wróci na czas, żeby mi pomóc z zadaniem domowym?". To strach o mnie paraliżuje jej umysł – zamiast skupić się na dodawaniu czy czytaniu, wyobraża sobie najgorsze: że zniknę na misji, że coś mi się stanie, i kto wtedy wyjaśni jej trudne słowo w książce. Jej oceny spadły, nie drastycznie, ale zauważalnie – kiedyś przynosiła same piątki z czytania, teraz czasem czwórki, bo czyta ten sam akapit kilka razy, a myśli krążą wokół mnie. Pamiętam, jak kiedyś wróciłem po dłuższej delegacji i znalazłem w jej plecaku zeszyt z niedokończonymi rysunkami – zamiast kolorować mapę Polski na geografii, narysowała mnie w jakimś abstrakcyjnym labiryncie, z chmurami nad głową. Nauczycielka powiedziała, że córka ma talent, ale brakuje jej skupienia; podczas grupowych projektów woli pracować sama, jakby bała się, że jeśli opowie o rodzinie, ktoś zapyta o tatę i jej strach wyjdzie na jaw. Ten lęk sprawia, że unika nawet prostych zadań, które wymagają kreatywności – bo co, jeśli w połowie pisania wypracowania zadzwoni telefon i dowie się, że jestem w niebezpieczeństwie? Narzeczona próbuje jej pomagać z lekcjami wieczorami, ale widzę, jak córka zerka na zegar, czekając, aż wrócę, jej małe czoło zmarszczone w zmartwieniu, które powinno być obce dziecku. To rozrywa mi serce na kawałki – moja służba, która miała chronić przyszłość wszystkich dzieci, w tym mojej, odbiera jej zdolność do nauki bez ciężaru. Zamiast chłonąć wiedzę jak gąbka, jak kiedyś, teraz filtruje wszystko przez pryzmat strachu: czy tata będzie, by zobaczyć jej świadectwo? Czy wróci, by pomóc z nauką do sprawdzianu? Przy wigilijnym stole próbuje udawać, że wszystko jest w porządku, śmieje się, gdy narzeczona opowiada dowcip, ale ja wiem, że w jej głowie kołacze się to samo pytanie co w mojej: ile takich chwil nam zostało, zanim ten strach zabierze jej nie tylko sny i przyjaźnie, ale i szansę na beztroską edukację? Chciałbym ją objąć, powiedzieć, że wszystko będzie dobrze, ale czuję, że moje słowa brzmią pusto, bo to ja jestem źródłem tego cienia, który kładzie się na jej zeszytach i marzeniach.

Przypomniał mi się ważny moment z moją obecną narzeczoną. Marta, promienna, z burzą kasztanowych włosów falujących jak jesienne liście, ciało krągłe i ciepłe, skóra jak aksamit w blasku ognia, oczy błyszczące miłością i troską, stoi przy oknie, w luźnej koszuli nocnej z jedwabiu w kolorze ciepłego karmelu, któr a opływa jej kształty jak delikatna mgiełka. Jej serce bije szybko, oddech płytki od ulgi i pożądania. Ja, umięśniony, z niewielką głową na mocnym karku, niebieskie oczy pełne magnetyzmu, wchodzę do pokoju, zrzucając kurtkę, moja skóra rumiana od chłodu na zewnątrz, ale oczy płonące ciepłym ogniem, gdy patrzy na nią.

Podchodzę wolno, moje dłonie – silne, ale delikatne – sięgają po jej talię, przyciągając Martę bliżej, nasze ciała stykają się jak dwa płomienie łączące się w jeden. Zapach mojej skóry – mieszanka męskiego potu, zimnego powietrza i familiarnego ciepła – budzi Martę od środka, powodując falę dreszczy, które przebiegają po jej kręgosłupie jak iskry po drewnie.

Ja, głos niski, drżący od emocji, oczy wpatrzone w jej twarz z miłością, dłonie ślizgające się po jej plecach, czując ciepło przez jedwab. Marta, dotykaj mnie, proszę... twoje ręce leczą wszystko.

Marta, wyszeptując, głos miękki jak aksamit, oczy wilgotne od łez rozkoszy, ręce oplatające moją szyję, ciało przytulone blisko, czując moje ciepło przez koszulę. "Janusz, nie byłąm pewna, że będziemy razem ale teraz... jesteś tu. Kocham cię... pozwól mi cię ogrzać. Twoja skóra... taka ciepła, jak słońce latem, którego mi brakowało".

Nasze usta spotykają się w pocałunku – delikatnym na początek, jak rozgrzewający się kominek, języki muskające się czule, smakujące słodyczą wina z kolacji i słonością łez. Marta czuje, jak moje dłonie schodzą niżej, ściskając jej biodra z czułością, ale z rosnącym głodem, jak pieprz rozsypany na rozgrzanej patelni – pikantny, ostry, budzący dreszcz pożądania. Marta odpina moją koszulę, palce drżące od emocji, odsłaniając umięśniony tors, skóra lśniąca w ciepłym świetle jak polerowany bursztyn, paznokcie Marty delikatnie drapiące, zostawiając czerwone ślady, które gryzą mnie słodkim bólem, budząc jęk.

Marta mrukocząc w moje ucho, głos ochrypły od pożądania, moje dłonie wsuwające się pod koszulę nocną, czując ciepło jej skóry, palce muskające uda z rosnącą śmiałością. "Twoja bliskość... burzy mój spokój. Chcę cię poczuć całą... powoli, jak rozgrzewający się ogień. Ale w tym momencie... dodaj pieprzu, kochanie. Ugryź mnie... pokaż, jak mocno mnie chcesz".

Marta uśmiechając się zalotnie, oczy błyszczące psotą, zęby delikatnie gryzące jego ramię, ręce schodzące niżej, ściskając z pikantną siłą, budząc we mnie falę dreszczy. "Oh, Janusz... myślałam tak o tobie do cierpienia, że gryzie mnie to od środka. Chcesz pieprzu? Masz... twoje ciało... twarde, gorące... gryzę cię jak wilczyca, ale z miłością".

Jej zęby wbijają się lekko w mój kark, zostawiając ślad jak ostra papryka na języku – pikantna, paląca, budząca we mnie ryk rozkoszy, moje ręce reagują, zdejmując Marty koszulę z pośpiechem, odsłaniając nagie ciało, piersi uniesione w ciepłym blasku, skóra rumiana od podniecenia. Klęczę przed nią, moje usta muskają brzuch, schodząc niżej jak płomień liżący drewno, język tańczący czule, ale z rosnącą intensywnością, gryząc delikatnie wewnętrzną stronę ud, budząc w Marcie jęk, który świdruje powietrze jak płomyk w suchym sianie. Ręce Marty w moich włosach, ciągną z nadziemską siłą, kierując go tam, gdzie pożądanie gryzie najmocniej.

Marta, jęczy głośniej, głos drżący od ekstazy, ciało wyginające się w łuk, palce zaciskające się w moich włosach jak u wilczycy. "Tak... tam... twój język... pali mnie miodowo... gryzie słodko... oh, Janusz, mocniej, błagam... twoje usta... ciepłe, gorące... kocham to... nie przestawaj, gryź mnie... dodaj ognia!"

Odpowiadam jękiem, język wnikający głębiej, dłonie ściskające jej pośladki z górniczą siłą, oczy pełne żądzy. "Smakujesz jak musztarda z pieprzem... słodka, ale ostra... twoje jęki... budzą we mnie bestię. Chcę cię całą... gryzę cię tu... czujesz? Dla ciebie... wszystko".

Moje zęby delikatnie gryzą wrażliwe miejsce, dodając animuszu do dalszej walki – ostrego, palącego dreszczu, który sprawia, że Marta krzyczy z rozkoszy, jej ciało drży jak liść na wietrze, łzy spływają po policzkach od intensywności, serce wali jak oszalałe, ekstaza buduje się jak fala ciepła. Ona ciągnie go w górę, ich ciała splatają się na łóżku, skóra o skórę, ciepło mieszające się jak roztopione złoto, moje ręce eksplorujące każdy zakamarek z czułością, ale w kluczowych momentach z siłą eksperta – ściskając piersi, gryząc szyję, zostawiając czerwone ślady.

Marta dysząca, głos zaduszony ekstazą, nogi oplatające moje biodra, paznokcie drapiące plecy z kocią siłą. "Wejdź we mnie... teraz... ciepło twojego ciała... rozpycha mnie... gryź mnie w szyję... dodaj ognia... oh, tak... kocham cię... mocniej, Janusz... jak nigdy przedtem!"

Wnikam w nią powoli, ciepło nasze ciała łączą się jak dwa płomienie, ruchy rytmiczne, pełne miłości, ale z momentami dzikości – mocniejsze pchnięcia, gryzienie warg, ręce ściskające z siłą, budzące jęki bólu mieszącego się z rozkoszą. Nasze oczy spotykają się w blasku lampki, pełne ciepła i żaru, łzy mieszają się z potem, serca biją w unisonie.

Ja,jęcząc, głose łammiący się od emocji, ręce ściskające Marty biodra z siłą Mika Tysona, oczy zamglone. "Marta... jesteś moim ciepłem... palisz mnie... gryzę cię tu... czujesz to? Kocham cię... na zawsze... mocniej... dla nas!".

Kulminacja nadchodzi jak wybuch wulkanu- nasze krzyki mieszają się, ciała drżą w ekstazie, ciepłe kolory blasku otulają nas jak kołdra, drapieżność w ruchach dodaje ostrości, która je czekoladowa, budząc falę spełnienia. Leżymi splątani, oddechy ciężkie, serca uspokajające się w rytm trzaskającego ognia.

Marta, wyszeptując, łzy ulgi i miłości, ręce gładzące moją twarz. "Janusz... to było... ciepło i ogień. Jesteś... ze mną. Na zawsze".

Całuję ją czule, głos miękki, oczy pełne ciepła. "Dla ciebie... wszystko. Moja miłości".

Wychodzę z domu, powietrze na zewnątrz jest ostre, wilgotne, tnie skórę jak nóż. Nie ma śniegu, nie ma prawdziwej zimy, tylko drobna mżawka ląduje na mojej głowie tuż przed dotarciem do samochodu, zostawiając krople na kurtce, które czuję jak zimny pot. Mój krok jest stabilny, a ramiona lekko kołyszące się w rytm marszu, ale wewnątrz czuję, jak mięśnie napinają się jak sprężyny. Dla obserwatora z zewnątrz jestem człowiekiem energicznym, skupionym, gotowym do działania, ale w środku burza – co jeśli nie zdążę? Przy tego typie pogody moja skóra nabiera jeszcze bardziej różowej barwy niż zwykle, a twarz wydaje się jeszcze węższa, napięta jak struna, gotowa pęknąć. Moja niewielka stosunkowo głowa siedzi na umięśnionym karku i pyta o słońce, które kryje się za chmurami, nie dając nadziei na jaśniejszy dzień, tylko szarość, która zwiastuje katastrofę. Siadam za kierownicą, silnik warczy cicho, gdy odpalam samochód, ale brzmi jak ryk w mojej głowie – echo chaosu, który już czai się w moich myślach. Ulice są puste, świąteczny spokój panuje w mieście – ludzie siedzą w domach, celebrując z rodzinami, dzieląc opłatek i śmiejąc się przy choinkach, nieświadomi nadciągającego koszmaru, który może rozedrzeć tę idyllę na strzępy. Daję więc gazu, pedał wciskam mocno, by zjawić się w agencji jak najszybciej to jest możliwe, mijając puste skrzyżowania z prędkością, która graniczy z szaleństwem, a czerwone światła mrugają jak ostrzeżenia, których nie mogę zignorować.

Myśli kłębią się w głowie: zamachowiec, bomby, prezydent, a co jeśli celuje też w cywilów? Wyobrażam sobie tłumy na placu, dzieci z balonami, rodziny spacerujące w świątecznym blasku – i nagle wybuch, krzyk, chaos. A jeśli się spóźnię? Jeśli te kilka minut, które stracę na korku czy śliskiej drodze, okażą się decydujące? Serce bije mi jak bęben, dłonie ślizgają się po kierownicy od potu, mimo chłodu za oknem. Strach o pojawienie się zbyt późno jest jak nóż wbity w pierś – co jeśli moja opieszałość pozwoli, by bomba detonowała? Widzę w głowie obrazy: zrujnowane budynki, ranne ciała, a potem raporty w mediach, które oskarżą agencję o zaniedbanie. Ja będę tym, który nie zdążył, który zostawił lukę w obronie. Moja córka, dziesięcioletnia, siedząca teraz przy wigilijnym stole z narzeczoną, usłyszy w wiadomościach o tragedii i pomyśli: „Tata miał to powstrzymać, dlaczego nie zdążył?”.

Może jeśli zadziałam szybko, powrót także będzie nie tak odległy, wrócę do nich przed świtem, z poczuciem, że ocaliłem kawałek świata. Ale w lusterku widzę oddalający się dom, ciepłe światło w oknach, choinkę migoczącą jak odległa gwiazda, i czuję ukłucie – co jeśli to ostatni raz? Co jeśli spóźnienie oznacza nie tylko porażkę misji, ale i moją własną śmierć? Zamachowiec mógłby czekać, pułapka na agentów, a ja, pędząc na złamanie karku, wjadę prosto w nią. Mżawka rozmazuje się na szybie, wycieraczki szorują rytmicznie jak tykający zegar, przypominając, że każda sekunda to ryzyko. Skupiam się na drodze, omijam kałuże, które odbijają neonowe reklamy świątecznych promocji – ironia, bo dla mnie święta to teraz tylko przerwa w walce.

W radiu gra kolęda, melodyjna i spokojna, ale wyłączam ją gwałtownie – teraz liczy się tylko misja, tykający zegar i wyścig z czasem, który może wszystko zniszczyć. Strach paraliżuje, ale napędza jednocześnie: co jeśli przez moje spóźnienie stracimy trop, a terrorysta uderzy jutro, w Nowy Rok, kiedy wszyscy będą bezbronni? Widzę twarze kolegów z agencji, czekających na mnie z napięciem, ich oczy pełne zaufania, które mogę zawieść. Czuję ciężar odpowiedzialności na barkach jak kajdany, łańcuchy, które ciągną mnie w dół, ale nie mogę się zatrzymać. Pędzę dalej, przez mgłę i pustkę ulic, modląc się w duchu, by nie było za późno – bo jeśli będzie, to nie tylko misja upadnie, ale i mój świat: rodzina, przyszłość, wszystko, co trzyma mnie przy życiu. Ten strach jest jak trucizna, sączy się w żyłach, sprawia, że wciskam gaz jeszcze mocniej, ryzykując wypadek, bo lepiej zginąć w pościgu niż żyć z winą spóźnienia.

Jadąc w kierunku Warszawy, te obrazki z życia wciskają się natarczywie na przednią szybę samochodu, jakby chciały mnie udusić swoimi wspomnieniami – te chwile szczęścia przeplatane z bólem, śmiech córki mieszający się z echem kłótni, ciepło ramion Marty kontrastujące z lodowatym chłodem Katarzyny. Serce mi bije mocniej, jakby chciało wyskoczyć z piersi, a myśli wirują jak jesienne liście w wichurze, chaotyczne, nie do opanowania. Życie układa mi się pod górkę w sprawach prywatnych – te ciągłe burze emocjonalne, rozstania, które zostawiają rany głębokie jak rowy po bitwie, samotne noce, które gryzą duszę jak wilk czający się w mroku, nie dając spokoju. Pamiętam te bezsenne godziny, gdy leżałem w pustym łóżku, wpatrując się w sufit, a echo dawnych słów Katarzyny odbijało się w głowie: „Jesteś nikim, Janusz, tylko cieniem w moim życiu". Te słowa wciąż bolą, jak stare blizny, które swędzą przy zmianie pogody. A z górki w pracy, gdzie czuję się jak król na swoim tronie, panujący nad chaosem, który mógłby pochłonąć cały kraj.

Pracuję w roli zastępcy dyrektora ABW do spraw kontrwywiadu i kontrterroryzmu, i to jest moja codzienna walka, moja pasja, która żyje we mnie, w środku, pulsując jak drugi puls. Jestem odpowiedzialny za ujawnianie i udaremnianie aktów terroru, za te chwile, kiedy serce zamiera w oczekiwaniu na kolejny ruch wroga – analizuję raporty do późna w nocy, koordynuję operacje, które mogą uratować setki żyć, a czasem tylko jedno, ale to jedno jest warte wszystkiego. Pamiętam tę akcję sprzed miesięcy, gdy udaremniliśmy przemyt materiałów wybuchowych; adrenalina buzowała we krwi, a potem ulga, że nikt nie zginął. To daje mi sens, ale też zabiera kawałek duszy – bo ile razy można patrzeć w oczy śmierci, zanim ona spojrzy w twoje?

Skończyłem 50 lat trzy tygodnie temu, bez specjalnych uroczystości, a bo i po co, skoro Boże Narodzenie tuż za rogiem, z jego fałszywym blaskiem światełek, które tylko podkreślają moją wewnętrzną pustkę, tę dziurę w sercu, gdzie kiedyś było zaufanie i marzenia o stabilności. Urodziny spędziłem sam w biurze, z kubkiem zimnej kawy i stosem dokumentów, myśląc, jak szybko lata mijają – od młodego agenta, pełnego zapału, po mężczyznę z siwymi skroniami, który wie, że każdy dzień to loteria. Moja obecna rodzina to Marta, moja narzeczona, która jest jak promień słońca w tym mroku, przynosząca ciepło i nadzieję, jej uśmiech rozświetla nawet najczarniejsze chwile, a jej dotyk leczy rany, których nie widać. Z nią czuję, że jeszcze nie wszystko stracone, że mogę zbudować coś trwałego, choć strach przed kolejnym rozczarowaniem czai się w cieniu.

I moja córka Ilona, owoc nieudanego związku z Katarzyną – tą zimną, bezlitosną kobietą, która traktowała mnie jak niepotrzebny balast, raniąc serce na każdym kroku, słowami ostrzejszymi niż nóż i spojrzeniami, które mroziły krew. Ilona jest dla mnie wszystkim – promieniem słońca w życiu, które nieraz wydawało się szare i burzowe, jej śmiech to melodia, która zagłusza burze w mojej głowie, a jej małe rączki, tulące mnie po powrocie z misji, przypominają, po co walczę. Jest owocem związku z Katarzyną, mojej pierwszej żony, choć nazywanie tego związkiem to jak określanie sztormu spokojnym morzem – to była wojna, pełna oskarżeń, zdrad i łez, które wypalały duszę.

Katarzyna... nawet teraz, po tylu latach, jej imię smakuje jak gorzki popiół na języku, przywołując wspomnienia tych nocy, gdy wracałem do domu, a ona czekała z pretensjami, że praca ważniejsza niż ona, że jestem nieobecny, choć to ona budowała mur między nami. Była kobietą, która potrafiła jednym spojrzeniem zamrozić krew w żyłach, a każdym słowem ciąć jak nożem, zostawiając blizny, które goją się latami. Nasze małżeństwo było pomyłką, której echo wciąż czasem dudni w mojej głowie, choć nauczyłem się żyć z bliznami, jakie po niej zostały – nauczyłem się, bo musiałem, dla Ilony, która jest jedynym dobrym, co z tego wyszło.

Jadąc dalej, mijam oświetlone domy, pełne świątecznych dekoracji, i czuję ukłucie zazdrości – dlaczego nie ja? Dlaczego moje życie to ciągła walka, a nie spokojny port? Ale wiem, że to moja ścieżka, wybrana dawno temu, i choć boli, daje też siłę. Marta i Ilona to mój azyl, a praca – miecz, którym bronię ich świata. Tylko czasem, jak teraz, w tej samotnej jeździe, strach ściska gardło: co jeśli następna misja zabierze mnie na zawsze? Co jeśli pustka zwycięży?

Minęło już dwadzieścia lat od tamtego dnia, kiedy drzwi mieszkania zatrzasnęły się za Katarzyną z hukiem, który brzmiał jak ostateczny wyrok. Ilona miała wtedy trzy lata, a ja trzydzieści osiem – wiek, w którym mężczyzna powinien mieć wszystko poukładane, a nie stać nad lodówką, wpatrując się w kartkę z jej pismem, które zawsze było zbyt eleganckie, zbyt obce. "Nie wrócę. Ilona jest twoja. Nie dzwoń." Te słowa paliły jak kwas, ale nie płakałem. Nie wtedy. Płakałem później, w nocy, kiedy mała spała w moim łóżku, tuląc się do mnie jak do jedynego kotwicy w burzy. Była ciepła, pachnąca mlekiem i dziecięcym szamponem, a ja szeptałem jej do ucha: "Tato jest tu, zawsze będzie".Te pierwsze lata samotnego ojcostwa to była walka na noże. Praca w policji nie wybaczała błędów – zmiany nocne, wezwania do interwencji, które wracały ze mną do domu w postaci koszmarów. Pamiętam, jak raz wróciłem o świcie, cały w siniakach po bójce z jakimś pijakiem, i znalazłem Ilonę siedzącą na podłodze w kuchni, z kubkiem po jogurcie w rączce. Babcia z dołu, dobra dusza, która czasem zaglądała, musiała wyjść wcześniej. "Tato, głodna" – powiedziała cicho, a jej oczy, te szmaragdowe dziedzictwo po matce, patrzyły na mnie z takim zaufaniem, że serce mi pękło. Nauczyłem się wtedy żonglować: kawa w termosie, pieluchy w schowku radiowozu, bajki nagrywane na kasetę, którą odtwarzałem jej przez telefon, kiedy musiałem zostawić ją u sąsiadki. Byłem tatą, strażakiem i kucharzem w jednym – zupę pomidorową gotowałem z puszki, bo nie miałem czasu na świeże pomidory, ale Ilona i tak wcinała ją z apetytem, udając, że to eliksir czarodziejski.Ilona rosła jak chwast na betonie – dzika, pełna życia, z tym samym magnetyzmem co jej matka, ale bez tego chłodu. W przedszkolu nauczyła się rysować domy z kominem dymiącym, a w każdym z nich byliśmy tylko my dwoje: tata z mundurem i dziewczynka z warkoczami. "Mamo nie ma, bo jest w chmurach" – powiedziała kiedyś, malując niebo na błękitno. Nie poprawiłem jej. Jak mogłem? Katarzyna była gdzieś daleko, w swoim świecie wieżowców i kontraktów, o którym dowiadywałem się z plotek. Słyszałem, że wyszła za mąż za jakiegoś menedżera z Londynu, że awansowała na stanowisko, o którym śniła, że ma nowe życie bez balastu przeszłości. Pieniądze przychodziły co miesiąc na konto – regularnie, jak rata kredytu – ale nigdy listu, nigdy zdjęcia, nigdy "jak się masz, córeczko?". To bolało Ilonę, choć udawała, że nie. Widziałem to w jej milczeniu, kiedy inne dzieci mówiły o mamach na wywiadówkach.Kiedy Ilona skończyła dziesięć lat, świat się zmienił. Ja awansowałem na sierżanta, co oznaczało więcej papierów i mniej patroli, ale też stabilność – kupiliśmy małe mieszkanie na obrzeżach miasta, z ogrodem, gdzie posadziłem krzak malin, bo pamiętałem, jak jako dziecko zbierałem je z babcią. Ilona zakochała się w książkach – pożerała je jak głodna wilczyca, od "Ani z Zielonego Wzgórza" po kryminały, które kradła z mojej półki. "Tato, ty łapiesz złodziei, a ja chcę pisać o nich" – śmiała się, a ja kiwałem głową, dumny, że moja mała wojowniczka znalazła broń w słowach. Ale pod spodem czaił się cień. W szkole miała problemy – inne dziewczynki szeptały o "dziewczynce bez mamy", a Ilona wracała z zaczerwienionymi oczami, udając katar. "One nie rozumieją, tato. Ja mam ciebie, a to wystarczy". Ale nie wystarczyło. Nie do końca.Najtrudniejszy był jej nastoletni bunt, kiedy hormony uderzyły jak fala powodzi. Miała czternaście lat, kiedy znalazłem w jej pokoju zdjęcie – wydrukowane z internetu, stare, wygrzebane z archiwum firmy Katarzyny. Matka na konferencji, w tym samym kostiumie, uśmiechnięta do fleszy, obok męża w garniturze. Ilona płakała, tuląc to zdjęcie do piersi. "Dlaczego mnie nie chciała? Co we mnie jest złego?". Siedziałem obok, bezradny jak zawsze, i mówiłem prawdę: "Nic, skarbie. To ona jest zepsuta, nie ty. Miłość nie jest obowiązkiem, ale matka... matka powinna walczyć". Tej nocy opowiedziałem jej wszystko – o motocyklowych przejażdżkach, o jej pierwszych krokach, o notatce na lodówce. Ilona słuchała, a potem przytuliła się mocno: "Jesteś moim bohaterem, tato. Nie jak rycerz z bajki, ale prawdziwy – z bliznami i siniakami". To były słowa, które leczyły moje rany głębiej niż jakikolwiek balsam.Dziś Ilona ma dwadzieścia trzy lata. Studiowała filologię polską, bo "chcę opowiadać historie, które leczą", i właśnie skończyła pierwszą książkę – zbiór opowiadań o samotnych ojcach i ich córkach, które stają się silniejsze niż burze. Dedykowała ją mnie: "Dla Janusza, który nauczył mnie, że ciepło rodzi się z popiołów". Pracuje w małym wydawnictwie, ma chłopaka – porządnego faceta, mechanika, który naprawia nie tylko silniki, ale i serca. Śmiejemy się z tego, bo życie lubi ironie: ja, policjant, wychowałem pisarkę, a ona wybrała kogoś, kto przypomina mi mnie sprzed lat.Katarzyna? Widziałem ją raz, przypadkiem, na pogrzebie wspólnego znajomego. Stała z boku, wciąż piękna, ale z liniami wokół oczu, które zdradzały pustkę. Nasze spojrzenia się spotkały – jej szmaragdy były matowe, bez obietnicy. Kiwnęła głową, a ja odwróciłem wzrok. Nie było co mówić. Nie tęskniłem, nie nienawidziłem. Tylko współczułem – jej, sobie, temu, co mogło być. Ale życie nie jest bajką; to mozaika z odłamków, które sklejamy sami.Teraz, gdy patrzę na Ilonę, jak tańczy na swojej premierze, z książką w ręku i moją dumą w sercu, wiem, że wygrałem. Miłość, którą dawałem bez wzajemności, wróciła stokrotnie – w jej śmiechu, w jej słowach, w tym, jak patrzy na świat bez lodu w oczach. Było to w maju, rok temu, na cmentarzu na Powązkach – tym samym, gdzie pochowałem rodziców i gdzie ziemia jest ciężka od wspomnień. Pogrzeb Marka, naszego starego kumpla ze studiów, którego znałem jeszcze z czasów, gdy Katarzyna i ja byliśmy "parą roku" w kręgu znajomych. Marek, ten wesołek z firmową imprezy, który zawsze żartował, że ja i ona to "ogień i lód" – ironia, która teraz smakowała jak popiół. Deszcz siąpił leniwie, ten rodzaj paryskiego deszczu, co nie moczy, ale chłodzi duszę, a powietrze pachniało mokrą trawą i świeżo wykopaną ziemią. Stałem pod czarnym parasolem, w starym garniturze, który kupiłem na ślub Ilony – ten sam, co śmierdział naftaliną i chwilami szczęścia. Ilona była obok, w prostej czarnej sukience, z włosami spiętymi w luźny kok, trzymając bukiet białych róż, które sama wybrała. "Dla Marka, tato. Pamiętasz, jak nas zapraszał na grilla?" – szepnęła, a ja kiwnąłem głową, bo głos mi uwiązł w gardle. Była silna, moja Ilona, ale widziałem, jak zaciska dłoń na mojej, jakby bała się, że świat znowu ją puści.Ludzie zbierali się wokół grobu – garstka

emerytowanych konsultantów, kilku policjantów z mojej komendy, którzy przyszli z szacunku dla starego przyjaciela. Szmer kondolencji mieszał się z szelestem liści na wietrze, a ksiądz mamrotał coś o wiecznym życiu, co brzmiało jak pusta obietnica. I wtedy ją zobaczyłem. Stała z boku, pod wielką wierzbą, której gałęzie zwieszały się jak żałobne zasłony. Katarzyna – nie do pomylenia, choć lata zostawiły na niej swoje piętno. Wciąż smukła, w czarnym płaszczu od Chanel, który opinał jej sylwetkę jak pancerz, włosy upięte w ten sam perfekcyjny kok, co dwadzieścia lat temu. Ale twarz... ach, ta twarz. Oczy, te szmaragdy, które kiedyś paliły jak laser, teraz były matowe, jakby pokryte szronem, który nigdy nie topnieje. Linie wokół nich, delikatne zmarszczki jak pajęczyna, zdradzały nie tylko wiek, ale pustkę – tę, co gryzie od środka, gdy ambicje zjedzą duszę. Stała sama, bez męża z Londynu, bez świty, z dłonią w rękawiczce trzymającą chusteczkę, której nawet nie dotknęła łez.Nasze spojrzenia się spotkały przez ten tłum, przez ten deszcz, jakby magnes, który nigdy nie stracił siły, ale stracił iskry. Serce mi podskoczyło – nie z miłości, nie z gniewu, ale z tego dziwnego ukłucia wspomnień: motocyklowe przejażdżki, jej śmiech w wietrze, notatka na lodówce. Stałem tam, z Iloną u boku, i przez chwilę widziałem nas wszystkich troje – rodzinę, która nigdy nie była. Ona kiwnęła głową, ledwie zauważalnie, uprzejme pozdrowienie na pogrzebie, jak z daleka machnięcie ręką. Żadnego uśmiechu, żadnego ciepła. Tylko to kiwnięcie, sztywne, jak protokół biznesowy. Ja odwróciłem wzrok pierwszy, patrząc na trumnę, na ziemię, która się osuwała. Nie było słów do powiedzenia – co? "Cześć, jak leci kariera? A Ilona właśnie wydała książkę, wiesz, tę o ojcach, którzy walczą"? Albo "Dlaczego nas zostawiłaś, Katarzyno? Dlaczego lód wygrał z ogniem?".Ilona wyczuła to od razu. "To ona?" – szepnęła, a ja skinąłem głową, nie patrząc. "Idźmy, tato. Marek by nie chciał, żebyśmy tu staliśmy jak duchy". Poszliśmy, mijając ją bez słowa, bez dotyku. Ale w głowie miałem chaos: współczucie dla niej, tej kobiety, która zbudowała imperium na piasku, bez korzeni; dla siebie, co kiedyś myślałem, że ją ogrzeję; dla Ilony, co nigdy nie dostała matczyńskiego uścisku. Deszcz przybrał na sile, gdy wychodziliśmy z cmentarza, a ja objąłem córkę ramieniem. "Jesteś moim wszystkim" – powiedziałem cicho, a ona ścisnęła moją dłoń. Katarzyna została tam, pod wierzbą, jak cień z przeszłości, który blaknie w deszczu. Spotkanie trwało sekundy, ale zamknęło rozdział – nie z hukiem, ale z westchnieniem. Teraz, gdy o tym myślę, wiem, że to był dar: zobaczyć, jak jej mróz stał się jej własnym więzieniem.

Katarzyna była lekcją, bolesną, ale potrzebną: że prawdziwa rodzina buduje się z ciepła, które sam rozniecasz, nawet w mrozie. A ja? Ja jestem tym ogniem, który nigdy nie zgaśnie. Dla Ilony. Dla nas. Na zawsze.

Ilona jest moim światem, moją iskrą w ciemności, powodem, dla którego wstaję każdego ranka, nawet gdy życie rzuca mi pod nogi kłody. Od chwili, gdy przyszła na świat, była tylko moja – nie w sensie posiadania, ale w tym głębokim, pierwotnym poczuciu, że jestem za nią odpowiedzialny, że jestem jej domem, jej skałą. Nie było nikogo innego, tylko my dwoje, od pierwszego oddechu, który wzięła w moich ramionach. Ta historia, nasza historia, to opowieść o tym, jak uczyłem się być ojcem, jak Ilona nauczyła mnie miłości, i jak razem budowaliśmy życie, które, choć nie zawsze łatwe, zawsze było pełne ciepła i nadzieii.

Ilona urodziła się w majowy poranek, kiedy Warszawa pachniała bzem, a słońce odbijało się w kałużach po wiosennym deszczu. Byłem wtedy gliniarzem, bliski czerdziestki, z głową pełną marzeń i rękami wciąż pachnącymi policyjna pałką. Nie planowałem dziecka – nie wtedy, nie sam. Ale kiedy pielęgniarka położyła mi na ręce to maleńkie stworzenie, z oczami jak niebieskie koraliki i maleńkimi piąstkami zaciśniętymi w walce z nowym światem, wiedziałem, że to początek czegoś większego niż ja sam. Nazwałem ją Ilona – po mojej babci, która zawsze mówiła, że życie to walka, ale warto ją toczyć dla miłości. Patrzyłem na tę kruszynę i obiecałem jej, że nigdy nie będzie sama, że dam jej wszystko, co mam, nawet jeśli czasem to tylko moje serce i czas.

Wychowałem się w małym miasteczku na Mazowszu, w cieniu opowieści mojej babci Ilony, kobiety, która była jak skała. Zmarła, gdy miałem dwadzieścia kilka lat, ale jej słowa wciąż brzmią mi w głowie: „Życie to walka, ale warto ją toczyć dla miłości". Jako dzieciak myślałem, że to tylko takie gadanie starej baby. Teraz, po pięćdziesiątce, widzę, że miała rację, choć dotarło to do mnie za późno.

Babcia Ilona była legendą w naszej rodzinie. Urodziła się w 1910 roku, przeżyła wojny głód, stratę męża. Pamiętam ją siedzącą w bujanym fotelu, z herbatą z rumem, opowiadającą, jak przechytrzyła Niemców, ukrywając jedzenie dla dzieci. „Miłość to decyzja, Januszek" – mówiła, klepiąc mnie po głowie. „Nie kwiatki, nie wiersze, tylko decyzja, by trwać". Nie rozumiałem tego wtedy. Byłem dzieciakiem, bardziej interesowały mnie zabawy w podwórkowego policjanta niż jej mądrości. Ale babcia była dla mnie wszystkim – to ona nauczyła mnie wiązać sznurówki i strzelać z procy. Kiedy zmarła w '95, czułem, jakby ktoś wyrwał mi kawał serca.

Moja mama, Helena, była córką Ilony i odziedziczyła jej upór. Urodziła się w 1945 roku, w trudnych czasach. Ojca straciła, gdy byłem mały – zginął na służbie, też był milicjantem. Mama została sama, szyjąc mundury dla milicji, żeby nas utrzymać. „Bądź jak ojciec, Janusz" – powtarzała. „Stróż prawa, ale z sercem". Poszedłem w jego ślady, wstąpiłem do policji, ale po skończeniu studiów informatycznych. Byłem dumny, gdy zakładałem mundur. Mama patrzyła na mnie z mieszanką strachu i dumy. Wychowywała mnie surowo, ale zawsze powtarzała babcine słowa o miłości i walce. Tylko ja, zajęty służbą, nie słuchałem. Praca była wszystkim – pościgi, interwencje, adrenalina. Mama prosiła, żebym odwiedzał ją częściej, ale zawsze miałem wymówkę: nadgodziny, raporty, zmęczenie. „Synu, życie to nie tylko mundur" – mówiła. Nie rozumiałem, o co jej chodzi. W mundurze przecież nie chodziłem.

Wszystko zmieniło się w 2025 roku. Mama zachorowała – serce, jak to w naszej rodzinie. Trafiła do szpitala, a ja, jak idiota, wciąż byłem zajęty sobą. Wstyd mi było. Ja, wielki policjant, który miał „chronić i służyć", nie potrafiłem być przy własnej matce. Pewnego dnia, w szpitalu, mama złapała mnie za rękę. „Janusz, życie to walka, ale dla miłości. Nie zapominaj" – powiedziała słabym głosem. To były słowa babci. Poczułem się jak gówniarz, który znowu zawiódł. Mama odeszła niedługo potem, w spokoju. Teraz, patrząc na małą Ilonkę, myślę o babci. Jej słowa nas uratowały. Życie to walka, jasne, ale bez miłości to tylko pusty trud. Nauczyłem się tego późno, ale lepiej późno niż wcale.

Pierwsze lata były jak jazda na rowerze bez trzymanki – pełna chaosu, ale i radości. Mieszkałem wtedy w małym mieszkaniu na Wilanowie, z jedną sypialnią i kanapą, która pamiętała lepsze dni. Ilona spała w drewnianym łóżeczku, które sam zmontowałem, choć śruby wciąż się gubiły, a ja kląłem pod nosem, starając się nie obudzić małej. Byłem sam, bez partnerki, bez rodziny, która mogłaby pomóc.

Pamiętam ten dzień, kiedy pierwszy raz spotkałem panią Lukrecję. Było to wczesną wiosną, gdy powietrze jeszcze niosło chłód marcowego wiatru, a ulice naszego małego osiedla na obrzeżach miasta budziły się do życia po zimie. Mieszkałem w bloku z lat 70., w jednym z tych szarych, betonowych kolosów, gdzie każdy znał każdego, ale mało kto rozmawiał. Pani Lukrecja zajmowała mieszkanie tuż obok mojego – drzwi w drzwi. Była wdową po pułkowniku Wojska Polskiego, człowieku, który służył ojczyźnie przez dekady, aż do emerytury. Sama znała smak wojskowego życia: dyscyplinę, niepewność, te nagłe wezwania, które wyrywały z codzienności. Może dlatego tak szybko znaleźliśmy wspólny język.

Ja, jako oficer w czynnej służbie, często byłem na łasce telefonu. "Komórka" – jak mawiałem – była moim przekleństwem i błogosławieństwem. Niespodziewane zaproszenie z kwatery mogło przyjść o każdej porze: rano, wieczorem, nawet w środku nocy. A ja miałem Ilonkę, moją sześcioletnią córeczkę, która była całym moim światem po tym, jak jej matka odeszła zbyt wcześnie. Kto miał się nią zająć, gdy musiałem pędzić na poligon czy do sztabu? Sąsiedzi? Rodzina daleko. I wtedy pojawiła się pani Lukrecja.

Początkowo to była zwykła prośba. Zapukałem do jej drzwi pewnego popołudnia, z Ilonką trzymającą się mojej nogawki. "Pani Lukrecjo, przepraszam, że tak nagle, ale muszę wyjść na służbę. Czy mogłaby pani popilnować małej na godzinkę?" Spojrzała na mnie swoimi mądrymi, szarymi oczami, okolonionymi siatką zmarszczek, i uśmiechnęła się ciepło. "Ależ oczywiście, panie majorze. Wchodźcie, wchodźcie. Mam świeże ciasto z jabłkami." Od tamtej pory stało się to rytuałem. Za każdym razem, gdy dzwonił telefon, Ilonka biegła do pani Lukrecji, a ja odwdzięczałem się drobnymi sumami pieniędzy – na herbatę czy gazety – albo zakupami: chlebem, mlekiem, czasem kwiatami z rynku, bo wiedziała, że lubi hortensje.

Ale to, co zaczęło się jako praktyczna pomoc, szybko przerodziło się w coś głębszego. Moja Ilonka, z jej burzą rudych loczków i niekończącymi się pytaniami, zakochała się w pani Lukrecji od pierwszego wejrzenia. "Tata, ciocia Lukrecja opowiada lepsze bajki niż ty!" – mówiła, wracając do domu z błyszczącymi oczami. A pani Lukrecja? Traktowała Ilonkę jak własną wnuczkę, której nigdy nie miała. Ich przyjaźń kwitła w małych chwilach, tych codziennych cudach, które budują więzi na lata.

Pamiętam jedną z takich scen. Było lato, upalne popołudnie, gdy wróciłem wcześniej niż zwykle. Zbliżając się do drzwi pani Lukrecji, usłyszałem śmiech – czysty, dziecięcy śmiech Ilonki wymieszany z ciepłym chichotem starszej pani. Zajrzałem przez uchylone okno. Siedziały na balkonie, otoczone doniczkami z pelargoniami. Pani Lukrecja, w swojej kwiecistej sukience, trzymała starą, pożółkłą fotografię. "Widzisz, Ilonko, to mój mąż, pułkownik. Był dzielny jak rycerz z twoich bajek. Walczył w bitwach, ale zawsze wracał do domu z cukierkami w kieszeni." Ilonka, z szeroko otwartymi oczami, kiwała głową. "A ty, babciu Lukrecjo, byłaś księżniczką? Opowiedz, jak się poznaliście!"

Babciu. To słowo padło naturalnie, jak gdyby zawsze tam było. Pani Lukrecja nie poprawiła jej – zamiast tego objęła Ilonkę ramieniem i zaczęła snuć opowieść o balach oficerskich, o pierwszym tańcu pod gwiazdami i o listach pisanych z frontu. Ilonka słuchała z zapartym tchem, a potem sama opowiedziała o swoich marzeniach: o byciu weterynarzem dla kotów i psów, o podróżach do Afryki, by zobaczyć lwy. "Babciu, a ty pojedziesz ze mną?" – zapytała. "Oczywiście, kochanie. Razem pokonamy wszystkie przygody."

Od tamtej pory ich spotkania stały się rytuałem nie tylko w nagłych wypadkach. Ilonka odwiedzała panią Lukrecję po szkole, pomagała w ogrodzie na balkonie – podlewała kwiaty, zbierała suche liście. W zamian dostawała lekcje życia: jak piec szarlotkę według starego przepisu, jak szyć guziki (bo "każda dziewczyna powinna umieć sobie radzić"), czy jak czytać mapy, bo pani

Lukrecja znała geografię świata od podszewki dzięki podróżom z mężem. A wieczorami, gdy ja wracałem zmęczony służbą, znajdowałem je razem: Ilonkę śpiącą na kanapie z głową na kolanach pani Lukrecji, a starszą panią czytającą książkę na głos.

Ta przyjaźń była jak most między pokoleniami. Pani Lukrecja znalazła w Ilonce echo swojej młodości, a moja córka – babcię, której nigdy nie miała. Ja zaś zyskałem spokój ducha, wiedząc, że Ilonka jest w dobrych rękach. Czasem, patrząc na nie, myślałem, że życie ma swoje sposoby na zaskakiwanie nas – z samotności rodzi się rodzina, z sąsiedztwa przyjaźń na zawsze. I choć służba nadal wzywała mnie niespodziewanie, wiedziałem, że w naszym bloku jest miejsce, gdzie zawsze pali się ciepłe światło.

Pani Lukreacja opowiedziała mi bardziej szczegółową historię jej męża, słuchałęm z dużą uwagą tej fascynującej opowieści. Pułkownik Stanisław Kowalski – bo tak nazywał się mąż pani Lukrecji – był człowiekiem, którego życie mogłoby posłużyć za scenariusz do filmu wojennego. Urodził się w 1925 roku w małej wsi pod Lwowem, w czasach, gdy Polska dopiero co odzyskała niepodległość, a widmo kolejnej wojny wisiało w powietrzu jak ciężka chmura. Jako chłopak, Stanisław marzył o koniach i polach, ale los miał dla niego inne plany. W 1939 roku, gdy Niemcy wkroczyli do Polski, miał zaledwie czternaście lat. Ukrywał się z rodziną w lasach, pomagając partyzantom z Armii Krajowej. To tam nauczył się strzelać, czytać mapy i przetrwać na garści jagód i wody z potoku. Wojna zabrała mu ojca, ale dała determinację – postanowił, że zostanie żołnierzem, by chronić to, co pozostało.

Po wojnie, w 1945 roku, wstąpił do Wojska Polskiego. Czasy były trudne: Polska pod sowieckim wpływem, a armia pełna ideologicznych pułapek. Stanisław jednak służył z honorem. Szybko awansował – od kaprala do porucznika – dzięki swojej inteligencji i odwadze. W latach 50. brał udział w ćwiczeniach na poligonach, gdzie dowodził plutonami w symulowanych bitwach. Opowiadał później Lukrecji, jak raz, podczas manewrów w Bieszczadach, uratował życie koledze, który wpadł w pułapkę minową. "To nie bohaterstwo, to instynkt" – mawiał skromnie, ale w jego oczach błyszczała duma.

Poznali się z Lukrecją w 1958 roku, na balu oficerskim w Warszawie. Ona była młodą nauczycielką z Krakowa, zaproszoną przez kuzynkę. Stanisław, już kapitan, podszedł do niej z bukietem polnych kwiatów – bo nie stać go było na róże z kwiaciarni. "Panno Lukrecjo, czy zechce pani zatańczyć z żołnierzem, który zna tylko marszowy krok?" – zapytał żartobliwie. Zatańczyli walca, a potem rozmawiali do świtu o książkach, marzeniach i o tym, jak wojna zmienia ludzi. Pobrali się rok później, w małym kościele na prowincji. Lukrecja porzuciła nauczanie, by podążać za nim po garnizonach: z Warszawy do Poznania, potem do Wrocławia.

Lata 60. i 70. to szczyt jego kariery. Awansował na majora, a potem pułkownika. Dowodził pułkiem piechoty, brał udział w misjach pokojowych ONZ w Afryce – w Kongu, gdzie widział głód i chaos, co nauczyło go pokory. "Świat jest większy niż nasze granice" – pisał w listach do żony. W Polsce angażował się w szkolenie młodych oficerów, ucząc ich nie tylko taktyki, ale i etyki. Był surowy, ale sprawiedliwy; żołnierze mówili o nim "nasz stary", z szacunkiem pomieszanym z czułością. W kieszeni zawsze nosił cukierki – dla dzieci w wioskach, które odwiedzał podczas inspekcji. "Słodkość w gorzkim świecie" – tłumaczył.

Ale służba nie była łatwa. W stanie wojennym w 1981 roku, jako pułkownik, musiał stawić czoła trudnym rozkazom. Odmówił udziału w pacyfikacji strajków, co kosztowało go awans i zaufanie przełożonych. "Nie będę strzelał do swoich" – powiedział Lukrecji, gdy wrócił do domu z bladą twarzą. Przeszedł na emeryturę w 1985 roku, z orderami na piersi, ale z sercem pełnym wątpliwości. Osiedlili się w tym samym bloku, gdzie później zamieszkałem ja z Ilonką. Stanisław spędzał dni na czytaniu historii wojskowej, spacerach z Lukrecją i opowiadaniu anegdot wnukom sąsiadów.

Zmarł w 2005 roku, po krótkiej chorobie. Na pogrzebie było pełno dawnych podwładnych, salutujących nad grobem. Lukrecja mówiła, że jego duch nadal jest z nią – w starych fotografiach, w medalach schowanych w szufladzie. "Był rycerzem w mundurze" – opowiadała Ilonce, pokazując zdjęcia: młody Stanisław na koniu, w mundurze z orderami, z uśmiechem, który rozświetlał twarz.

Ta historia pułkownika to nie tylko wojna i służba, ale też miłość, lojalność i codzienne wybory. Dzięki niej pani Lukrecja nauczyła Ilonkę, że prawdziwi bohaterowie to ci, którzy walczą nie tylko na polu bitwy, ale i w sercu. A ja? Cieszę się, że mogłem poznać echo

Moja praca w policji oznaczała nieregularne godziny, czasem noce na służbie, ale zawsze wracałem do niej, do tego ciepłego ciałka, które tuliło się do mnie, gdy karmiłem ją butelką. Nie miałem pojęcia, co robię – raz przewinąłem ją tak, że pielucha zsunęła się w nocy, a ja znalazłem ją mokrą i wściekłą, ale wciąż patrzyła na mnie z ufnością. Śpiewałem jej kołysanki, które wymyślałem na poczekaniu, coś o gwiazdach i statkach kosmicznych, bo nie znałem żadnych innych. Jej śmiech – ten cienki, bulgoczący dźwięk – był jak nagroda za każdy trudny dzień.

Kiedy Ilona miała trzy lata, zaczęliśmy być prawdziwą drużyną. Wyniosłem się z ciasnego mieszkania do nieco większego, z małym balkonem, gdzie sadziliśmy bratki w doniczkach, bo Ilona uwielbiała grzebać w ziemi. Uczyłem ją chodzić, trzymając jej małe rączki, gdy stawiała niepewne kroki po parkiecie. Pamiętam, jak raz wywróciła się i zamiast płakać, spojrzała na mnie z tym zadziornym uśmiechem i powiedziała: „Tato, jeszcze raz!". To był moment, w którym zobaczyłem w niej siebie – upór, który nie pozwala się poddawać. Po pracy zabierałem ją na spacery do parku, gdzie goniła gołębie, a ja biegałem za nią, udając potwora, który chce ją złapać. Jej piskliwy śmiech odbijał się od drzew, a ja czułem, że żyję, naprawdę żyję.

Nie zawsze było kolorowo. Praca w policji, a później w ABW, wysysała ze mnie energię. Były noce, kiedy wracałem do domu z głową pełną mroku – obrazy z miejsc zbrodni, rozmowy z ludźmi, którzy widzieli zbyt wiele zła. Ale wystarczyło, że Ilona podbiegała do mnie z rysunkiem – zwykle mnie w mundurze, z peleryną superbohatera – i wszystko stawało się lżejsze. Nauczyłem ją jeździć na rowerze. Kupiłem jej mały, czerwony rowerek, z koszykiem z przodu, gdzie wkładała swoje skarby – kamyki, liście, czasem kanapkę, którą jej dawałem. Biegałem za nią po alejkach parku, trzymając siodełko, a kiedy w końcu puściłem, patrzyłem, jak pędzi, krzycząc: „Tato, patrz, latam!". Upadła raz, dwa, ale zawsze wstawała, ocierając kolana i śmiejąc się. „Jesteś silna, moja mała" – mówiłem, a ona kiwała głową, jakby to była oczywistość.

Szkoła przyniosła nowe wyzwania. Ilona była bystra, ale nieśmiała – te niebieskie oczy, które odziedziczyła po mnie, czasem patrzyły na świat z ostrożnością, jakby bała się, że ktoś ją odrzuci. Pomagałem jej z lekcjami, choć matematyka była dla mnie jak zagadka kryminalna do szybkiego rozwiązania. Siadaliśmy przy kuchennym stole, z herbatą i pierniczkami, które piekliśmy razem (choć moje zawsze były za twarde). Tłumaczyłem jej ułamki na przykładach z mojej pracy – „Jeśli złodziej ukradnie pół tortu, a drugi ćwierć, to ile zostaje?". Śmiała się, a ja czułem, że budujemy coś trwałego, coś, czego nikt nam nie odbierze. Wieczorami czytaliśmy książki – „Hobbita", „Tajemniczy ogród" – leżąc na kanapie, z jej głową na moim ramieniu. Czasem zasypiała w połowie rozdziału, a ja patrzyłem na nią, myśląc, że nie ma nic cenniejszego niż ta mała istota.

Były też trudniejsze chwile. Kiedy Ilona miała osiem lat, zachorowała na zapalenie płuc. Siedziałem przy jej łóżku w szpitalu, trzymając ją za rękę, czując, jak strach ściska mi serce. „Tato, nie odchodź" – szeptała, a ja obiecywałem, że nigdy jej nie zostawię. Po wyzdrowieniu zabierałem ją na spacery do lasu, uczyłem rozpoznawać ślady saren, opowiadałem historie o rycerzach, którzy walczą z cieniem – jak ja w mojej pracy, choć nigdy nie mówiłem jej o szczegółach. Nie chciałem, by bała się o mnie. Zamiast tego budowałem dla niej świat, w którym czuła się bezpieczna, kochana.

Siedziałem przy oknie, wpatrując się w ulicę spowitą gęstą, szarą mgłą. Była to jedna z tych jesiennych poranków, kiedy wilgoć wisi w powietrzu jak ciężka zasłona, wdzierając się pod ubranie, przez skórę, aż do kości. Nie lubię tego typu pogody – tej podstępnej, wilgotnej mgły, która atakuje podstępnie, powodując szczypiący ból po karku i to znajome drętwienie w prawej nodze. To nie jest zwykły dyskomfort; to jak sztylet, który powoli wkręca się w staw, przypominając o słabości, której nie mogę pokonać. Frustracja narasta we mnie jak fala, mieszając się z bezsilnością. Dlaczego akurat ja? Dlaczego ta noga musi być moim więzieniem?

To problem genetyczny, odziedziczony po ojcu. Pamiętam go dobrze – wysokiego mężczyznę o surowym spojrzeniu, który nigdy nie narzekał, choć widziałem, jak czasem zaciska zęby, idąc po schodach. "To demon w nodze, synu" – mawiał żartobliwie, ale w jego oczach czaił się cień bólu. Walczył z nim do końca życia, od młodości, gdy jako robotnik w fabryce musiał stać godzinami przy taśmie, a później życie w roli milicjanta, po emeryturę, kiedy spacerował po parku z laską w dłoni. "Trzeba gryźć zęby i iść naprzód" – powtarzał, a ja, jako dziecko, kiwałem głową, nie rozumiejąc jeszcze, że ten sam demon czai się we mnie. Dziedzictwo krwi, jak mówił lekarz, artretyzm czy jakaś wada stawu, która budzi się w chłodzie i wilgoci. Ojciec zmarł dziesięć lat temu, a ja czasem czuję, jakby jego ból przeniknął do moich kości, jak echo dawnych zmagań.

Dziś rano, gdy mgła otuliła miasto, noga znowu dała o sobie znać. Wstałem z łóżka, a każdy krok był walką – jakbym był kaleką w wyścigu, gdzie inni biegną lekko, bez przeszkód, śmiejąc się z wiatrem we włosach. Ja zaś wlokę się z tyłu, gryząc wargi, by nie krzyknąć. Praca czeka, życie nie zatrzymuje się dla takich jak ja. Siadam przy biurku, włączam komputer, ale myśli uciekają do tych dni, kiedy ból jest nie do zniesienia. Pamiętam jedną zimę, gdy musiałem wziąć wolne

– leżałem w łóżku, patrząc w sufit, czując się jak wrak. Żona, zanim odeszła, przynosiła herbatę z imbirem, masowała nogę delikatnie. "Wytrzymasz, kochanie" – mówiła. Ale wytrzymywanie to nie życie; to przetrwanie.

A potem przychodzi lato, jak zbawienie. Te dni, gdy słońce wisi wysoko na niebie, a powietrze jest suche i ciepłe. Torдa czuję się dobrze, bez bólu, wystawiając moją nogę ku promieniom, które pieścią skórę jak kochanka. Siadam na balkonie z kawą w dłoni, zamykam oczy i pozwalam, by ciepło przenikało głęboko, rozluźniając mięśnie, odpędzając demona. To chwilowy spokój duszy, ulga, która sprawia, że świat wydaje się jaśniejszy. Pamiętam wakacje nad morzem, dwa lata temu – chodziłem po plaży boso, piasek masował stopy, a słońce paliło skórę na czerwono. Nie bolało nic; byłem wolny, jak dziecko skaczące przez fale. "Zobacz, tato, noga nie boli!" – powiedziałbym ojcu, gdyby żył. Może patrzy z góry i kiwa głową, wiedząc, że walczę tak jak on.

Ale mgła wraca, zawsze wraca. Wstaję, biorę tabletkę przeciwbólową, zakładam ciepłe skarpety. Trzeba jakoś z tym żyć – gryząc zęby, idąc naprzód. Może jutro wyjdzie słońce, a demon schowa się w cieniu. Do tego czasu, przetrwam, bo co innego mi zostaje? Życie to nie wyścig; to maraton, a ja nauczyłem się biec z kulą u nogi.

Polowanie na terrorystów to dla mnie bitwa umysłów, pełna napięcia i adrenaliny, gdzie każdy krok przypomina taniec na krawędzi przepaści. Jestem drapieżnikiem, który wyczuwa krew w powietrzu, a terroryści to mój łup – podstępne cienie, które próbują wymknąć się moim szponom. Zamachowiec, z którym wkrótce się zmierzę, wielokrotnie próbował zmylić mnie swoimi grami, igrając z moimi nerwami, budząc we mnie wściekłość i niezłomną determinację. Bezskutecznie – moja intuicja jest ostra jak brzytwa. Jednak zawsze trzeba zachować czujność i nie ufać bezgranicznie informacjom płynącym z agencji. To jak poruszanie się po polu minowym, gdzie jeden fałszywy krok może oznaczać katastrofę.

Zatrzymuję się, by zastanowić się, czy nie przeoczyłem żadnego detalu, który mógłby zadecydować o życiu lub śmierci – nie tylko moich współpracowników, ale także niewinnych ludzi. Te przypadkowe ofiary, pojawiające się w niewłaściwym miejscu i czasie, budzą we mnie falę współczucia i gniewu na los. Ciężar odpowiedzialności przygniata mnie niczym brzemię świata, sprawiając, że noce stają się bezsenne, a serce bije w panice.

Agencja Bezpieczeństwa Wewnętrznego przez lata skupiała się na egzekwowaniu prawa, a nie na prewencji, co doprowadzało mnie do białej gorączki. Czułem, że marnujemy szanse na ocalenie życia niewinnych ludzi. To ja, z uporem maniaka, przestawiłem tory agencji na tory zapobiegania – taki mądry Polak przed szkodą. Walczyłem z oporem jak z wiatrakami, a każda batalia w sali konferencyjnej czy gabinecie przełożonych kosztowała mnie nerwy i bezsenne noce. Gdy w końcu się udało, poczułem dumę, jakby góra, którą pchałem przez lata, ustąpiła miejsca. Nie było to łatwe – niekończące się dyskusje, konflikty, godziny spędzone nad strategiami zmiany podejścia. Agencja tkwiła w skostniałym systemie, a ja, patrząc na ten marazm, odczuwałem frustrację i żal nad straconym czasem.

Moje wysiłki przyniosły uznanie. Personel ABW patrzył na mnie z szacunkiem, a nawet wierchuszka doceniła moje starania, co wypełniało mnie ciepłym poczuciem spełnienia – jak nagroda po wyczerpującej bitwie. Oferowano mi wyższe stanowisko, ale odmówiłem. Myśl o większej odpowiedzialności sprawiała, że serce biło mi jak oszalałe. Mój zgrzybiały kark, już i tak obolały od stresu, nie zniósłby dodatkowego ciężaru. Postanowiłem żyć spokojniej, unikać nadmiaru emocji, by okiełznać moje podwyższone ciśnienie i ataki niekontrolowanego lęku, które przychodziły jak wilki w nocy, paraliżując ciało i umysł.

Te demony – lęk, panika, bezradność – czaiły się w cieniu, gotowe rzucić się na mnie w najmniej spodziewanym momencie. Czasem budziłem się w środku nocy, z sercem walącym jak młot, nie mogąc złapać tchu, jakby niewidzialna ręka dusiła mnie w ciemności. Strach wyłaniał się z zasadzki, igrał ze mną, jakby bawił się papierowym śmieciem na pustej, brukowanej ulicy. Każde jego pojawienie budziło we mnie rozpacz, poczucie, że tracę kontrolę nad sobą. W chwilach najgorszych widziałem w głowie obrazy niepowodzeń – operacji, które mogły pójść źle, ludzi, których mogłem nie uratować. Te wizje, choć nierzeczywiste, były jak ostrza wbijające się w moje myśli, rozdzierające resztki spokoju.

Próbowałem szukać pomocy. Konsultacje z psychologami miały być ratunkiem, ale ich słowa brzmiały jak puste echo w opustoszałej sali. Nie potrafili odpowiedzieć na pytanie, skąd biorą się te lęki, dlaczego atakują akurat mnie – człowieka, który w pracy był jak skała, a w środku rozpadał się na kawałki. Każda sesja zostawiała mnie z większym poczuciem osamotnienia, jakby nikt nie mógł zrozumieć, co to znaczy nosić w sobie wojnę, której nikt nie widzi. Modliłem się, by ataki paniki nie dopadły mnie w trakcie służby, gdy stawka jest najwyższa, a każdy błąd mógłby kosztować ludzkie życie. W takich chwilach, stojąc na krawędzi, walczyłem nie tylko z terrorystami, ale i z samym sobą. Każde zadanie było próbą sił – nie tylko z wrogiem zewnętrznym, ale z demonami, które szeptały mi do ucha, że mogę przegrać. A jednak, mimo wszystko, wstawałem każdego ranka, zaciskałem zęby i szedłem dalej, bo wiedziałem, że nie mogę pozwolić, by strach wygrał.

W celu namierzenia terrorystów niemal codziennie konsultowałem się ze „Specjalną Komórką Operacyjną", czując dreszcz ekscytacji i napięcia przy każdym spotkaniu. To supertajna jednostka, złożona z mistrzów cieni – artystów-włamywaczy, którzy na podstawie decyzji sądowych przeprowadzają włamania do prywatnych domów, biur czy ambasad. Ich zadaniem jest instalowanie podsłuchów i kamer wideo lub zaglądanie w trzewia komputerów, by odkryć ich często kryminalne sekrety. To jak patrzenie w otchłań zła – budzi we mnie mieszankę obrzydzenia i fascynacji.

Oprócz terrorystów, naszymi celami bywają bossowie mafii – bezwzględni drapieżcy, skorumpowani posłowie czy senatorowie, którzy zdradzają zaufanie narodu, a także szpiedzy czy służby wywiadowcze Rosji, Chin lub Niemiec. Każdy z nich to wróg, który rozpala we mnie gniew, palący od środka. Podczas „ukrytych" wejść do lokali podejrzanych o działalność przestępczą nasi technicy potrafią uśpić psa stróżującego, zaaranżować fałszywy wypadek drogowy, zatrzymać samochód bez wyraźnego powodu czy wywołać awarię prądu. Te operacje to czysta adrenalina – serce bije jak bęben, a strach miesza się z podnieceniem.

Naszym celem jest zmuszenie mieszkańców meliny do opuszczenia lokalu, co pozwala naszym agentom działać pod przykrywką – montujemy fałszywe szyldy na budynkach, stawiamy prowizoryczne krzaki, maskując ich obecność. To jak partia szachów ze śmiercią, gdzie jeden fałszywy ruch oznacza tragedię. Gdyby nasi ludzie zostali przyłapani na gorącym uczynku, grozi im śmierć z rąk właścicieli lokalu, którzy mogliby wziąć ich za zwykłych włamywaczy. Ta myśl budzi we mnie lodowaty strach – wizje krwi i straty nawiedzają mnie w snach, zostawiając zimny pot na skroniach.

Oczywiście, dochodziło do zgrzytów z innymi służbami specjalnymi, które wchodziły nam w paradę, choć doskonale wiedziały, że nasze działania to wyłączna domena ABW. Te konflikty rozpalały we mnie wściekłość – czułem się jak zdradzony sojusznik. Do tego dochodziły wewnętrzne spięcia z biurokratami, a także konieczność odpierania „próśb", które mogłyby podważyć niezależność agencji od polityków. Te gierki władzy budziły we mnie obrzydzenie. Wielokrotnie proszono mnie o opinie na temat kluczowych kwestii politycznych czy społecznych, ale zawsze odmawiałem, by nie narażać ABW na krytykę ze strony środowisk politycznych i medialnych. To jak chodzenie po linie nad przepaścią – jeden fałszywy krok i runiesz w dół. Takie działania mogłyby podważyć wiarygodność agencji, a tym samym mnie jako jej pracownika, raniąc moją dumę i poczucie misji.

Z drugiej strony, nie miałem problemu z informowaniem potencjalnych terrorystów o ich prawach. Wierzę, że ABW może zdobywać potrzebne informacje, działając w granicach prawa, by zapobiegać zamachom. Ta myśl napełnia mnie nadzieją i determinacją. Sztuka polegała na tym, by „zderzyć się" z podejrzanym jeszcze przed aresztowaniem, skłonić go do mówienia, budując „ciepłe" relacje między agentem a zatrzymanym. To jak taniec z wężem – pełen napięcia i manipulacji. Nazwano mnie „geniuszem" w wyciąganiu prawdy od „złych ludzi". Moje metody prowadziły do samooskarżeń i przyznania się do winy na długo przed procesem. Ta reputacja budzi we mnie dumę, ale też ciężar, bo wiem, ile kosztuje mnie to emocjonalnie. Dzięki temu agencja unikała wielu biurokratycznych starć z nieprzychylnymi nam ludźmi – czy to z kręgów polityki, czy biznesu – oszczędzając czas i nerwy.

Jestem mistrzem kontaktu wzrokowego. Moje wysokie czoło podkreśla intensywność

spojrzenia, a magnetyczne, niebieskie oczy działają jak laser, budząc w rozmówcy strach i uległość. Chodzi o to, by „sparować" przeciwnika, odpowiedzieć na pytanie: „Ile okruchów zostawił za sobą i ile mogę ich zebrać?". To jak polowanie

– czuję pulsującą krew w żyłach. Jak dotrzeć do prawdy? Jak ustalić, co naprawdę się wydarzyło? Te wątpliwości gryzą mnie od środka, budząc niepokój. Jest wiele sposobów na zdobycie informacji, ale najskuteczniejsza jest rozmowa przy stole, gdy siedzimy naprzeciwko siebie, krzyżując spojrzenia, a napięcie w powietrzu jest gęste jak mgła. Najlepiej działa moment, gdy agent wbija przysłowiowe kły w kark rozmówcy, a ten uśmiecha się, przekonany, że to, co robisz, leży w jego interesie – choć w rzeczywistości jest na odwrót. To daje mi satysfakcję zwycięzcy, ale zostawia też gorzki posmak manipulacji.

Opuszczając dom, zabrałem ze sobą snickersa, piernik od Ilonki i butelkę coli, czując, jak gorzki smak samotności ściska mi gardło niczym żelazna obręcz. To uczucie przypominało cień czający się w moim życiu – nieustannie obecny, dławiący. Prawdopodobnie będzie to mój bożonarodzeniowy obiad: marny, zimny posiłek, który tylko podkreśla moją izolację. Gdzieś tam inni śmieją się przy ciepłych, suto zastawionych stołach, a ja walczę z demonami w ciemności, sam na sam z własnymi myślami.

Marta i Ilona siedzą teraz przy stole, same, zajadając się soczystą kaczką, parującymi ziemniakami i popijając dobre wino – oczywiście tylko Marta. Ich śmiech rozbrzmiewa w mojej głowie jak odległy, nieosiągalny sen, budząc falę zazdrości i żalu. Dlaczego nie mogę być tam z nimi, dzielić tego ciepła, zamiast tkwić w tej samotnej misji, gdzie każdy krok może być ostatnim? Może w przyszłym roku los ułoży się mniej groteskowo – ta nadzieja drąży mnie od środka, choć wiem, że życie lubi kpić z takich marzeń. Z każdym kilometrem drogi pustka w moim sercu rośnie, jak rana, której nie da się uleczyć.

Jestem odpowiedzialny za sprawę Giorgiego Gargaszwiliego, najbardziej okrutnego i zdeterminowanego zamachowca ostatnich lat. Jego imię budzi we mnie dreszcz gniewu i determinacji, niczym trucizna sącząca się w żyłach, powoli zatruwająca myśli wizją porażki. Ta sprawa jest gardłowa dla ABW – agencja musi wykazać się skutecznością w schwytaniu tego zbira, inaczej polecą głowy, w tym moja. Presja przygniata mnie jak ciężar łańcuchów, sprawiając, że serce bije szybciej, a noce wypełniają koszmary o przegranej – widzę krew na ulicach, martwe twarze niewinnych, oskarżające mnie o zaniedbanie. Gargaszwili współpracuje z rosyjskim wywiadem, będąc jednym z najlepszych „pracowników" służb szpiegowskich Kremla. Ta myśl rozpala we mnie wściekłość na cienie z Moskwy, plujące na naszą suwerenność, knujące w mroku, by nas zniszczyć. Gargaszwili ma na koncie zabójstwa znanych polityków, niewygodnych dla Putina i jego oligarchów. Wspomnienia tych aktów krwi i zdrady budzą we mnie obrzydzenie, pomieszane z palącą żądzą sprawiedliwości. Każdy taki czyn to cios w serce wolnego świata, a ja czuję, jakby nóż wisiał nade mną, gotowy spaść.

W cieniach Tbilisi, gdzie ulice wciąż niosą echo sowieckich marzeń i gruzińskiego buntu, urodził się Giorgi Gargaszwili w burzliwych latach 80. XX wieku. Syn mieszanej krwi – gruzińskiej matki i rosyjskiego ojca – dorastał w rodzinie, gdzie lojalność była walutą, a przetrwanie sztuką. Gdy ZSRR rozpadł się w chaotycznej dekadzie 90., młody Giorgi wkroczył w mroczny świat przestępczości, jakby to był jego przeznaczeniem. Zaczynał skromnie: przemyt

papierosów i butelek z alkoholem przez zalesioną granicę z Abchazją, gdzie strażnicy mrugali okiem za garść dolarów. Ale ambicja paliła w nim jak lont – szybko wspiął się w hierarchii lokalnej mafii, znanej jako „Tbiliskie Wilki". Ta wataha, drapieżna i bezwzględna, żerowała na handlu narkotykami, bronią i praniu brudnych pieniędzy, splatając nici z rosyjskimi gigantami, takimi jak Sołncewska Bratwa. To właśnie te powiązania, gęste jak pajęczyna, przyciągnęły wzrok FSB – cieni z Moskwy, co czaiły się w tle.Rekrutacja nadeszła jak grom z jasnego nieba, w 2008 roku, gdy rosyjsko-gruzińska wojna rozdarła Kaukaz na strzępy. FSB, spragnione pionków do siania chaosu w Gruzji, wyłowiło go przez sieć rosyjskich partnerów biznesowych – tych, co szeptali obietnice w

zadymionych pokojach hotelowych. W zamian za tarczę przed gniewem gruzińskich władz i klucze do złotych kontraktów, jak reeksport towarów do Rosji, Giorgi skinął głową. To był pakt z diabłem:

klasyczny outsourcing kremlowskich intryg, tani jak uliczny handel, a przewidywalny jak tykanie bomby. Nie był on jednak szpiegiem w garniturze – to był gangster w służbie państwa, wilk z łańcuchem na szyi. Jego ścieżka wiła się coraz głębiej: od banalnych zleceń do hybrydowych sztuczek, gdzie przestępstwo mieszało się z polityką.Po aneksji Krymu w 2014 roku Giorgi stał się architektem cieni – zarządzał siecią przemytników, co przez gruzińskie i armeńskie szlaki wlewały do Rosji zachodnie skarby: technologie, luksusowe błyskotki, chipy elektroniczne i części do dronów. Jego wilki karmili machinę wojenną Kremla, współpracując z GRU w cichych transakcjach pod osłoną nocy. Ale los lubi igrać: jedna operacja runęła w Turcji, gdzie ładunek rozpłynął się w powietrzu, ściągając na głowę gniew tureckich służb. Konflikt wisiał jak miecz Damoklesa, lecz FSB wkroczyło –

uratowało go, żądając w zamian krwi i lojalności. Po inwazji na Ukrainę w 2022 roku Giorgi przeniósł swe macki do serca Europy Wschodniej. Rekrutował lokalnych wyrzutków do sabotażu: podpalali magazyny z pomocą dla Ukrainy w Polsce, tnąc nożem w infrastrukturę energetyczną Czech. W luksusowych apartamentach Dubaju spotykał się z oficerami GRU – tam, przy szumie fontann, tkał plany operacji, co udawały samotne iskry, a były ogniem skoordynowanym. Jedna z nich rozbłysła w Berlinie: zamach na gruzińskiego opozycjonistę, wykonany z precyzją mafijnej sieci, jak nóż w plecy demokracji.Ale Giorgi nie poprzestał na granicach – infiltrował samą duszę gruzińskiej polityki, karmiąc korupcję jak wilka mięsem. Finansował prorosyjskich marionetów, szepcząc im do ucha ustawy na wzór rosyjskiej „o agentach zagranicznych", co dusiły wolność jak garota. Jego mentor, pułkownik Andriej Kruszanow z FSB, był duchem w maszynie: zlecał rozbiórkę demokratycznych filarów, co budziło uliczne burze protestów, wrzaski tłumów i krew na bruku. Oligarchowie, ci tłuste pająki, dawali mu schronienie – w zamian za ich dłonie brudził się handlem narkotykami i ludzkim nieszczęściem, pompując fundusze w swe imperium. To był jego hybrydowy taniec: zysk jako melodia, a kremlowskie cele jako rytm – osłabianie NATO, rozbijanie republik dawnego Sowieta, sianie ziaren chaosu, co kiełkowały w cieniach.Giorgi Gargaszwili nie był bohaterem ani potworem z baśni – był mostem między uliczną szlamem a salami władzy, wilkiem, co wył do księżyca Moskwy, a gryzł po kostkach wolnego świata. Jego historia to nie kronika faktów, lecz ostrzeżenie: w erze hybrydowych wojen, gangsterzy noszą korony szpiegów, a imperia buduje się na kościach zapomnianych dusz.

W cieniach Tbilisi, gdzie ulice wciąż niosą echo sowieckich marzeń i gruzińskiego buntu, urodził się Giorgi Gargaszwili w burzliwych latach 80. XX wieku. Syn mieszanej krwi – gruzińskiej matki i rosyjskiego ojca – dorastał w rodzinie, gdzie lojalność była walutą, a przetrwanie sztuką. Gdy ZSRR rozpadł się w chaotycznej dekadzie 90., młody Giorgi wkroczył w mroczny świat przestępczości, jakby to był jego przeznaczeniem. Zaczynał skromnie: przemyt papierosów i butelek z alkoholem przez zalesioną granicę z Abchazją, gdzie strażnicy mrugali okiem za garść dolarów. Ale ambicja paliła w nim jak lont – szybko wspiął się w hierarchii lokalnej mafii, znanej jako „Tbiliskie Wilki". Ta wataha, drapieżna i bezwzględna, żerowała na handlu narkotykami, bronią i praniu brudnych pieniędzy, splatając nici z rosyjskimi gigantami, takimi jak Sołncewska Bratwa. To właśnie te powiązania, gęste jak pajęczyna, przyciągnęły wzrok FSB – cieni z Moskwy, co czaiły się w tle.Rekrutacja nadeszła jak grom z jasnego nieba, w 2008 roku, gdy rosyjsko-gruzińska wojna rozdarła Kaukaz na strzępy. FSB, spragnione pionków do siania chaosu w Gruzji, wyłowiło go przez sieć rosyjskich partnerów biznesowych – tych, co szeptali obietnice w zadymionych pokojach hotelowych. W zamian za tarczę przed gniewem gruzińskich władz i klucze do złotych kontraktów, jak reeksport towarów do Rosji, Giorgi skinął głową. To był pakt z diabłem: klasyczny outsourcing kremlowskich intryg, tani jak uliczny handel, a przewidywalny jak tykanie bomby. Nie był on jednak szpiegiem w garniturze – to był gangster w służbie państwa, wilk z łańcuchem na szyi. Jego ścieżka wiła się coraz głębiej: od banalnych zleceń do hybrydowych sztuczek, gdzie przestępstwo mieszało się z polityką.Po aneksji Krymu w 2014 roku Giorgi stał się architektem cieni – zarządzał siecią przemytników, co przez gruzińskie i armeńskie szlaki wlewały do Rosji zachodnie skarby: technologie, luksusowe błyskotki, chipy elektroniczne i części do dronów. Jego wilki karmili machinę wojenną Kremla, współpracując z GRU w cichych transakcjach pod osłoną nocy. Ale los lubi igrać: jedna operacja runęła w Turcji, gdzie ładunek rozpłynął się w powietrzu, ściągając na głowę gniew tureckich służb. Konflikt wisiał jak miecz Damoklesa, lecz FSB wkroczyło – uratowało go, żądając w zamian krwi i lojalności. Po inwazji na Ukrainę w 2022 roku Giorgi przeniósł swe macki do serca Europy Wschodniej. Rekrutował lokalnych wyrzutków do sabotażu: podpalali magazyny z pomocą dla Ukrainy w Polsce, tnąc nożem w infrastrukturę energetyczną Czech. W luksusowych apartamentach Dubaju spotykał się z oficerami GRU – tam, przy szumie fontann, tkał plany operacji, co udawały samotne iskry, a były ogniem skoordynowanym. Jedna z nich rozbłysła w Berlinie: zamach na gruzińskiego

opozycjonistę, wykonany z precyzją mafijnej sieci, jak nóż w plecy demokracji.Ale Giorgi nie poprzestał na granicach – infiltrował samą duszę gruzińskiej polityki, karmiąc korupcję jak wilka mięsem. Finansował prorosyjskich marionetów, szepcząc im do ucha ustawy na wzór rosyjskiej „o agentach zagranicznych", co dusiły wolność jak garota. Jego mentor, pułkownik Andriej Kruszanow z FSB, był duchem w maszynie: zlecał rozbiórkę demokratycznych filarów, co budziło uliczne burze protestów, wrzaski tłumów i krew na bruku. Oligarchowie, ci tłuste pająki, dawali mu schronienie – w zamian za ich dłonie brudził się handlem narkotykami i ludzkim nieszczęściem, pompując fundusze w swe imperium. To był jego hybrydowy taniec: zysk jako melodia, a kremlowskie cele jako rytm – osłabianie NATO, rozbijanie republik dawnego Sowieta, sianie ziaren chaosu, co kiełkowały w cieniach.Giorgi Gargaszwili nie był bohaterem ani potworem z baśni – był mostem między uliczną szlamem a salami władzy, wilkiem, co wył do księżyca Moskwy, a gryzł po kostkach wolnego świata. Jego historia to nie kronika faktów, lecz ostrzeżenie: w erze hybrydowych wojen, gangsterzy noszą korony szpiegów, a imperia buduje się na kościach zapomnianych dusz.

Mieliśmy dodatkowy problem – po drugiej stronie ulicy znajdował się bar otwarty do czwartej nad ranem. Ta przeszkoda budziła we mnie frustrację, bo każdy detal mógł nas zdradzić, a oczy czaiły się w ciemności. Jeden z bywalców baru mógłby zauważyć agenta otwierającego frontowe drzwi i neutralizującego alarm. Ta możliwość paraliżowała – wizja porażki gryzła jak wilk, a serce zamierało na myśl o syrenie, która rozedrze noc. Dzień wcześniej agencja wypożyczyła autobus miejski. W dniu akcji podjechaliśmy nim pod drzwi jubilera, tak by goście w barze nie widzieli, co dzieje się po drugiej stronie ulicy. Ta sprytna sztuczka napełniała mnie dumą, ale i napięciem – co, jeśli ktoś przebije się wzrokiem przez naszą maskaradę? Nasz agent, przebrany za pracownika miasta, otworzył maskę pojazdu, udając, że autobus się zepsuł. To aktorstwo budziło we mnie podziw i lekki uśmiech, ale serce biło szybciej w oczekiwaniu na pułapkę. W tym czasie „włamywacze" mogli wykonać swoje zadanie – umożliwić czyste wejście do lokalu. Myśl o tym tańcu z cieniem, gdzie każda sekunda niosła ryzyko zdrady, sprawiała, że serce biło jeszcze szybciej.Autobus odjechał, gdy nasi agenci znaleźli się w sklepie – ulga mieszała się z napięciem, bo gra trwała, a mrok czaił się za rogiem. Gdy „włamywacze" zakończyli zadanie, autobus wrócił i zaparkował przed lokalem. Ta synchronizacja się udała, ale czułem, jak napięcie rośnie, jakby coś miało pójść nie tak. Dwóch podchmielonych klientów baru czekało na pobliskim przystanku. Gdy zauważyli autobus, ruszyli biegiem, by nie przegapić transportu. Ta nieoczekiwana komplikacja budziła we mnie panikę i rozbawienie jednocześnie – serce zamierało na myśl, że to mogą być szpiedzy. Wskoczyli do pojazdu, ich oczy błyszczały w ciemności, a ja wyobrażałem sobie najgorsze.W operacji brali udział agenci z różnych biur, więc pracownicy ABW w autobusie uznali, że ci dwaj podpici mężczyźni to także agenci. Ta pomyłka wywołuje uśmiech przez łzy, ale i strach o dekonspirację – napięcie gęstnieje jak dym z kubańskiego cygara. Gdy autobus odjechał kilka przecznic dalej, agenci wyciągnęli broń i radiotelefony. Napięcie rosło jak mgła, ręce drżały, czułem chłód stali w powietrzu. Gdy przypadkowi pasażerowie zauważyli te ruchy, natychmiast nacisnęli guzik wzywający zatrzymanie autobusu. Ich strach odbijał się we mnie jak echo, serce biło jak oszalałe, bo to mógł być koniec.– Co... co to, do cholery? – wyszeptał jeden z nich, głos drżący od alkoholu i przerażenia, oczy rozszerzone na widok lufy, jakby patrzył w otchłań. – To... napad? Policja? Cholera, nie strzelajcie!– Zamknij się! – syknął agent, przyciskając palec do ust, głos napięty jak struna, zdradzający panikę pod maską twardości.

– Nie twoja sprawa! Siedź... cicho... albo...Kierowcą autobusu był agent, który przez zaledwie dwadzieścia minut uczył się obsługi tego kolosa. Podziwiałem jego odwagę, ale czułem frustrację na myśl o chaosie – każdy wstrząs to ryzyko. Jechał fatalnie, rozbijając po drodze pojemniki na śmieci. Te hałasy budziły we mnie wściekłość i obawę – echo odbijało się w nocy, przyciągając uwagę. Gdy usłyszał dźwięk dzwonka, warknął, głos chropowaty od stresu:– Hej! Przestańcie... bawić się tym... dzwonkiem, do cholery! – wycedził przez zęby, ręce kurczowo ściskające kierownicę. – Mam dość tego... mołoha! O... dwalcie... się!Jego irytacja rezonowała ze mną, dodając komizmu do grozy, ale napięcie nie spadało – co, jeśli ktoś nas usłyszy?– Ale... co wy tu... robicie z tymi spluwami? – odezwał się drugi pasażer, głos mu się łamał, ręce uniesione w geście kapitulacji, pot spływający po skroniach. – Chcieliśmy... tylko... do domu... Proszę... nie róbcie... nic... głupiego!

Błagam!– Milcz! – warknął agent stojący najbliżej, oczy błyszczące w mroku jak u bestii, palec drżący na spuście. – To nie twoja... bajka. Jeszcze... słowo... i... – urwał, głos przechodzący w groźny syk, jakby powietrze gęstniało od niewypowiedzianego zagrożenia.Po chwili agenci zorientowali się, że ci dwaj to nie ludzie z ABW. Ulga i rozbawienie mieszały się z westchnieniem, ale serce wciąż waliło – byliśmy o krok od katastrofy. Jeden z agentów, z karabinem przewieszonym przez ramię, podszedł do nich i zapytał, głos niski, napięty jak przed burzą:– Czy... my się... znamy?Cisza była ciężka jak ołów, oczy wpatrzone w siebie, napięcie jak żar, gotowy wybuchnąć.– Nie... nie znamy się... – wymamrotał jeden z nich, pot spływał mu po czole, głos chrapliwy od strachu. – Błagam... wysadźcie nas... nie chcemy... kłopotów! Proszę... nie...Tadeusz mruknął do siebie: „Oni naprawdę naciskają guzik na postój." Zdał sobie sprawę, że ci ludzie nie są z agencji. Jego olśnienie budziło we mnie podziw dla intuicji, ale napięcie rosło, bo czas uciekał. Tadeusz podniósł głos, starając się brzmieć obojętnie, lecz pod spodem czaił się metaliczny chłód:– Hej, Marek! Zatrzymaj... autobus! – zawołał, głos ostry jak nóż. – Mamy dwóch... pasażerów... bez biletów.Spryt Tadeusza napawał mnie dumą, ale strach o dekonspirację nie odpuszczał. Kierowca, zszokowany, zdał sobie sprawę, że to nie agenci. Przeklinając pod nosem, zatrzymał autobus przy krawężniku i otworzył drzwi. Ulga zalewała mnie jak fala, choć echo kroków uciekających pasażerów tylko lekko rozładowywało napięcie.– Uciekajcie... i zapomnijcie... co widzieliście! – rzucił za nimi Tadeusz, głos twardy, lecz drżący od adrenaliny, jakby sam walczył z demonami. Pasażerowie wyskoczyli jak z procy i nigdy więcej o nich nie słyszeliśmy. Ta anegdota budzi we mnie śmiech, ale i refleksję nad absurdem życia agenta, gdzie śmierć czai się w każdym cieniu.Tadeusz to człowiek, który znalazł mi pracę w agencji. Jestem mu wdzięczny – jest jak stary przyjaciel, ale wspomnienie tamtej chwili budzi napięcie, bo bez niego mógłbym być martwy. Spotkaliśmy się przypadkiem podczas wspólnej akcji ABW i policji. Ta chwila zmieniła moje życie, wywołując ekscytację i niepewność – serce biło wtedy tak, jak bije teraz. Pracowałem wtedy w warszawskiej policji, a monotonia tamtego życia gryzła mnie jak kleszcz. Tadeusz spojrzał na mnie i najwyraźniej uznał, że mogę się przydać w ABW. Jego wzrok płonął ciekawością, ale czułem, że ocenia każdy mój ruch. Nie wiem, skąd przyszła mu ta myśl, ale podziwiam jego instynkt, choć napięcie rosło – co, jeśli się myli?– Jak... twoje życie rodzinne? – zapytał Tadeusz, zaskakując mnie jak grom, głos cichy, lecz natarczywy, jakby sondował ranę. Serce zamarło na chwilę.– Wszystko... w porządku – odpowiedziałem szybko, choć to było kłamstwo, głos napięty, zdradzający kłamstwo. Ból rozwodu jątrzył jak rana, gryząc duszę w nocnej ciszy. Mój rozwód dobiegał końca, byłem zagubiony, bez energii, zawiedziony losem. Ta pustka kąsała jak wilk, głodny i nieustępliwy.– Masz... dzieci? – drążył Tadeusz, jego dociekliwość budziła niepokój, ale i nadzieję, oczy zwężone, jakby czytał w duszy.– Tak... mam – odpowiedziałem, maskując burzę w środku, głos drżący na krawędzi. Napięcie rosło z każdym słowem.– Mam na imię Tadeusz – powiedział, a jego ciepło rozproszyło chłód, choć podskórny lęk pozostał, jak cień za plecami.– Janusz – odparłem, grzeczność za grzeczność, lecz serce waliło jak młot. Początek przyjaźni wydawał się obiecujący, ale co, jeśli to pułapka?– Nie miałbyś... nic przeciwko... spędzaniu dni z dala od rodziny? – pytanie trafiło w sedno moich frustracji, serce biło szybciej, głos Tadeusza niski, prowokujący.– Nie – odpowiedziałem, chyba zbyt szybko, bo Tadeusz przyjrzał mi się uważniej. Jego spojrzenie przeszywało jak laser, napięcie gęstniało. – Nie – powtórzyłem, by go przekonać, głos twardy, lecz kruchy. – Wszystko... dla sprawy... Tadeusz.– A co... jeśli ta sprawa cię... złamie? – zapytał cicho, oczy wwiercające się we mnie jak szpilki, głos opadający do szeptu. – Widziałem takich jak ty. Silnych... na zewnątrz... ale w środku... galareta. Rozpadają się... jak szkło.– Nie złamie – odparłem twardo, choć głos mi drżał, dłonie zacisnęły się w pięści. – Potrzebuję... tego. Wszystko... dla sprawy.Po chwili ciszy, ciężkiej jak ołów, Tadeusz ciągnął, głos nabierający ostrości:– To... dobrze. Mamy na ciebie... oko. Jeśli chcesz... dopasujesz się do rygorów... pokonasz konkurentów... i możesz mieć przyszłość w ABW. W specjalnej jednostce. Co... ty na to?Oferta była ekscytująca jak nowa droga, ale strach przed nieznanym nie odpuszczał, serce dudniło w uszach.– Nie jestem pewien... ale brzmi... interesująco – wymamrotałem, głos chwiejny. – Dacie mi... czas na rozmowę z rodziną? – zapytałem, choć wiedziałem, że to szansa, by wyrwać się z monotonii policji. Nadzieja buzowała jak adrenalina, ale napięcie nie ustępowało.– Czas? – parsknął Tadeusz, uśmiechając się krzywo, oczy błyszczące wyzwaniem. – W naszym świecie... czas to luksus. Albo... wchodzisz... albo odpadasz. Decyduj... szybko... bo okazje... nie czekają. Nigdy.– Nie ma problemu. Tu jest moja wizytówka. Czekam na telefon... jutro do siedemnastej. Nie przegap... tej okazji – zakończył Tadeusz i odszedł płynnym krokiem w stronę innego agenta, którego twarzy nie znałem. Jego odejście budziło we mnie determinację, ale i lęk przed decyzją, jak otchłań pod stopami.Później dowiedziałem się, że ABW zwróciło na mnie uwagę dzięki moim studiom inżynierskim i pracy w firmie specjalizującej się w kontroli dostępu i zabezpieczeniach elektronicznych. Byłem zadowolony, że moje umiejętności są cenione, ale czułem ciężar oczekiwań. Specjalna jednostka ABW wymaga od członków ducha zespołowości – ta presja budzi we mnie dumę z przynależności, ale i napięcie, bo słabość może kosztować życie. Gdy pracujesz blisko z grupą ludzi, rekruter chce wiedzieć, czy podołasz wyzwaniom tej służby. To wyzwanie dzwoni w uszach, ale strach przed konfliktami przygniata. Operacje mogą trwać długo, więc musisz mieć spokojny charakter, by unikać spięć. Moja cierpliwość jest testowana codziennie, a napięcie rośnie z każdym dniem.

Lubię sensację – to ona mnie wabiła, jak ćmę do tlącego się płomienia, gdzie blask adrenaliny sączy się w żyły niby nektar zapomnianych bogów, rozpuszczając mury między jawą a widmem, między sercem a otchłanią. Lecz w tym tańcu uniesień, gdy puls dudni echem wojennych bębnów, wstaje cień wątpliwości, szepczący w porywach jesiennego wiatru: czyż to wolność, co mnie niesie na skrzydłach nawałnicy, co łamie gałęzie dębów i szarpie korzenie ziemi, czyż ucieczka przed pustką, co drąży duszę jak jesienne liście, wirujące w korycie wyschniętej rzeki, gdzie kamienie szepczą o utraconych wodach?Jako agent tkać musisz podwójne życie, splatając z kłamstw nici pajęczyny tak gęstej, iż nie przerwiesz ich nawet przed oczami ukochanych – przed rodziną, co patrzy w próżnię twoich milczeń, przed przyjaciółmi, których śmiech odbija się od muru twojej tajemnicy jak echo w opuszczonej katedrze. Ta samotność – ach, ta samotność! – nie jest ciężarem z ołowiu, lecz rakiem z aksamitu, co żre od trzewi, siejąc żal za dotykiem utraconych dłoni, napięcie w słowach, co ważysz jak krople rtęci na szali przeznaczenia, aż więzi pękają niby pajęczyna pod pierwszym mrozem, co kruszy lód na gałęziach i zamraża soki w pniach drzew. A gdy noc opada na dom jak czarny płaszcz burzowej chmury, samotność rozlewa się smołą po kątach – nie ta hałaśliwa, co huczy w ulicach jak porywisty wiatr w lasach, lecz głucha, co dudni w skroniach echem niewypowiedzianych ballad, szeptem wspomnień, co tulą się do piersi jak zagubione ptaki w gniazdach porzuconych przez jesień, drżące pod pierwszym śniegiem. W tej otchłani pytam się w mroku: czy ta izolacja to ołtarz bohaterstwa, gdzie składam w darze swoje cienie, niby liście w ofierze wiatrom, czy mur z kości słoniowej, co sam wzniosłem, by nie dojrzeć, jak samotność rzeźbi moją twarz w maskę obcego, pooraną bruzdami deszczu i wichur?Czy w tych zaświatach, gdzie sekrety stają się kochankami i katami, gubię nie tylko ich – tych, co kocham – lecz i siebie, okruch po okruchu, aż pozostanie tylko echo głosu, co nuci do pustego holu pieśń o mostach spalonych, o rzekach, co wysychają pod palącym słońcem

pustyni?Wykonujesz zwariowaną robotę – chaos wiruje w tobie jak jesienny liść w wichurze, co zrywa korę z dębów i sieje pył w dolinach, radością splątaną ze strachem prapoczątkowym, jak u dziecka, co stoi na progu burzy z oczami pełnymi gromów, co rozświetlają niebo szponami błyskawic, a każdy świt to ruletka z kości słoniowej, gdzie kula toczy się w labiryncie myśli, mrucząca: "A jeśli utknie w twoim imieniu, w tej runie losu wyrytej w gwiazdach, niby blizna po piorunie na korze starego dębu?". Na krawędzi przepaści stoisz i rozważasz: kimże jestem w tym balu cieni – rycerzem z mgły, co walczy z falami sztormu, czy pionkiem na szachownicy, co mami się iluzją panowania nad nitkami przeznaczenia, nad korzeniami drzew, co wiją się w ziemi?Jestem szefem jednego z dziesięciu chórów ABW, co pieśń śpiewa o „legalnych" włamaniach – tytuł jak ironia fatum, duma co przypina się do mojej znoszonej kurtki niby medal z mgły i ołowiu, lśniący w labiryncie myśli, lecz duszący oddech odpowiedzialnością, co budzi mnie o brzasku z rosą lęku na powiekach: jeden fałsz w melodii, i śmierć nie jest już widmem – ona schodzi na ziemię, zimna jak marmur grobowca, bezlitosna jak zima w sercu, co skuwa jeziora lodem i zamraża soki w gałęziach, pytająca szeptem: "Czy miałeś męstwo, by w pełni rozkwitnąć w tym życiu, co płonie i gaśnie jak jesienna róża, co więdnie pod pierwszym przymrozkiem, tracąc płatki w ramionach wiatru?".Mam za sobą tysiąc włamań – te cyfry nie są bliznami na pergaminie losu; to symfonie w mojej duszy, echa co budzą pewność, co niegdyś była tarczą z brązu, a dziś ledwie woalem nad zmęczeniem, co osadza się w kościach jak pył po apokaliptycznej burzy, co zrywa liście i rzeźbi skały w dolinach, przypominając, iż każdy triumf kradnie cząstkę iskry we mnie. Wiem, co czynię, i kocham tę robotę – pasja ta rozdmuchuje ogień w trzewiach, jak żar w kuźni, co odmawia zgasnąć pośród wichrów, co wyją w lasach i szarpią morza, lecz w godzinach, gdy kroków echo cichnie w korytarzach duszy, napięcie nie ustępuje, czając się jak wilk w mroku umysłu, warczący z cienia gęstego lasu: "Czy to ty wybrałeś ten pożar, co trawi, niby leśny ogień, co pochłania pnie i rodzi popiół, czy on ciebie wplótł w swój taniec, niepohamowany i ślepy, jak rzeka w powodzi?".A samotność? Ona nie jest przypadkiem – to wierny duch, co sunie za mną w noce, gdy wracam do łoża pustego jak grobowiec, gdzie woń obcego schronu splata się z tęsknotą za dłonią, co nie mogłaby pojąć mego dotyku, niby liść, co nie wróci do gałęzi po jesiennym upadku. W niej kryje się wyznanie: ta ścieżka nie tylko odcina mnie od świata barw, lecz i od lustrzanej prawdy siebie, czyniąc serce wyspą z piasku, gdzie fale wspomnień szarpią skały milczenia, erodując brzegi jak morze w sztormie. Czy kiedykolwiek odnajdę kładkę powrotną – do ciepła pogawędek bez zasłon, do śmiechu co płynie wolny jak rzeka, co niesie jesienne liście do morza? Czy ta samotność mnie ulepiła w glinie przeznaczenia, niby wiatr, co rzeźbi wydmy w pustyni, czy tylko obnażyła, jakżeż zawsze byłem wędrowcem w labiryncie własnego życia, obcą duszą w ciele, co tęskni za echem drugiej, za szumem lasu, co tuli zagubione ptaki? I w tej głębi rozważań widzę siebie w pełni – kruchy jak liść jesienny, co wiruje w wichurze, lecz nieugięty, szukający harmonii w symfonii chaosu, co mnie rzeźbił, i w tej pustce, co nauczyła mnie czcić każdy efemeryczny podmuch bliskości, nim rozpłynie się w eterze cieni, niby rosa pod porannym słońcem.

Jestem wędrowcem przepełnionym radością, co spływa we mnie niby górski potok po ulewie, srebrzysty i nieokiełznany, niosący w swych falach blask słońca na skałach; dlatego lgne ku dramatom, co wirują w zakamarkach duszy jak jesienne liście w tanecznym szale porywu wichru, szeleszcząc pieśnią żalu i uniesienia. Lecz bywam sentymentalny, a ta dwoistość – o, ta dwoistość, co jak cień podąża za światłem! – ciąży na sercu niby poranna mgła, co spowija doliny w welonie tajemnicy, budząc burzę wewnętrzną, gdzie śmiech splata się z widmem wspomnień, a dusza drży na krawędzi nawałnicy uczuć, niby liść na gałęzi przed pierwszym gromem.Pieniądze nigdy nie były iskrą mego ognia – pogarda dla materializmu tka w duszy czystość, jak rosa, co perli się na liściach po nocy, zmywając pył świata w kryształową łzę, choć pokusy czają się w załomach cieni, szepcząc jak wiatr w splątanych gałęziach starego lasu, kusząc do zerwania owocu z drzewa zaklętego w mroku chciwości. Gdyby złoto było mego serca wezwaniem, służyłbym w cytadelach cybernetycznych straż, tkając sieci z nici kodu, by strzec tajemnic, zarabiając krocie i grzebiąc je w materacu niby skarb pod korzeniami dębu pradawnego, gdzie korzenie wiją się w czeluściach ziemi, głodne i chciwe, jak węże w podziemiu. Wyobraźnia budzi uśmiech ulotny, co miga na ustach niby błyskawica na krańcu horyzontu, rozświetlając mrok, lecz rzeczywistość jawi się inna – surowa jak granitowa ściana w dolinie, co nie klęka przed pieszczotą słońca, lecz stoi nieugięta, poorana bruzdami wiatrów i deszczy.Moja pewność siebie jednak krucha bywa, z niezgłębionej otchłani powodów, niby gałąź po surowej zimie, co chwieje się i pęka pod pierwszym tchnieniem wiosennego podmuchu; wątpliwości gryzą jak robak w sercu jabłka dojrzałego, co w ciszy sadu, pod baldachimem gałęzi ciężkich od owoców, zaczyna swe żniwo w ukryciu – niepozorny, lecz nieubłagany, wgryzając się w miąższ soczysty, gdzie sok życia płynie gęsty i słodki, drążąc korytarze splątane jak korzenie podziemne, co wiją się w mroku gleby, żłobiąc tunele wilgotne i ciasne, gdzie echo pytań dudni w pustce jaskini duszy, szepcząc cicho, uparcie: "Kimże jesteś w tym gąszczu cieni, gdzie korzenie splatają się w runy zagadki, a liście szumią o zapomnianych ścieżkach, o owocach, co gniją od środka, tracąc blask pod skórką pozorów?". Ten robak nie gryzie raz – on żre powoli, noc po nocy, jak jesienny deszcz, co kapie z liści i wsiąka w ziemię, erodując skały czasu, aż jabłko, niegdyś pełne obietnic lata, więdnie od wewnątrz, jego rdzeń kruszeje w proch, a powierzchnia pęka w bruzdy, niby kora dębu poorana piorunami, odsłaniając pustkę, co huczy wiatrem wątpliwości. I w tej głębi rozważań, pod sklepieniem liściastym jak katedra lasu, szukam odpowiedzi w szelestach wiatru – czy ta kruchość to dar niebios, co uczy gałęzi giętkości w obliczu burz, czy klątwa cieni, co rzeźbi blizny w pniu żywota, niby strugi deszczu w korze dębu, co trwa mimo wichrów, lecz nosi w sobie tunel gnijący, gdzie robak czeka na następny świt?

Urodziłem się chłopcem nieśmiałym, cichym jak liść, co drży na brzasku w gęstwinie lasu, w rodzinie dusz spokojnych, co ambicje nosiły blade, niby korzenie w jałowej glebie leśnej polany –

w ziemi suchej, niepłodnej, gdzie chwasty rutyny, zielone duchy nudy, dusiły kiełki marzeń w uścisku bez litości, a piasek czasu, złoty, zdradliwy, przesypywał się między palcami dłoni, nie pozostawiając śladu po tym, co zakwitłoby w słońcu,

rozpostartym ramionami nieba, co wzywa ku morzu nieskończonemu, gdzie fale szepczą o podróżach bez powrotu,

a las szumi echem pradawnych drzew, co kołyszą się w rytmie wiatru, w rytmie fal.Moje korzenie, ach, te korzenie! – tkwią głęboko w glebie lasu tej, splatają się z krokiem każdym niby pnącza zdradliwe, co oplatają pień dębu starożytnego w ciszy nocnej kniei, kierując ku cieniom wilgotnym, zimnym, ku mrokom,

zamiast ku blaskowi, co woła z polan wyżyn, z gałęzi rozpostartych. One nie włókna proste, co w ciszy szukają wody w otchłani ziemi –

o nie, wiją się w labiryncie skał ostrych, gliny lepkiej poszycia leśnego, głodne, skazane na mękę,

drążąc tunele ciasne, kręte jak ścieżki zagubione w gąszczu, gdzie wilgoć życia kapie z chmur pęknięć,

kropla po kropli, łza zapomniana; oddech każdy walka o haust powietrza, o łyk deszczu kapryśnego, co rzadko dolinę nawiedza milczenia, a korzenie te, krwi dziedzictwo, płynie we mnie rzeką podziemną –

cichą, meandrującą w boru mroku, bez ujścia do morza szerokiego, gdzie fale uniosą ciężar wspomnień,

oplatują kostki łańcuchami z mchu starożytnego, rdzy wspomnień, ciągnąc w dół ku warstwom ciemnym runa leśnego,

gdzie robaki bladzi żrą nadzieję resztki w głodzie bezgłośnym, grzyby pleśni, duchy szare rozkładu, gniją marzeń resztki z lat minionych, na proch rozkładając, co wiatr unosi w taniec smutny ku brzegom,gdzie rzeka zmiesza je z solą morską. One nie dają wznieść pnia ku błękitowi nieba, ku gwiazdom mrugającym spośród konarów;

zmuszają krzywizny westchnień, pochylenia nad przepaścią, gdzie przodków szept dudni w pustce lasu głębi:

"Zostań w cieniu, synu cieni, bo świat powyżej burza, co łamie gałęzie odważne, szarpie w wichrze żalu";

splatają nerwy drżące jak harfy struna, puls każdy rytmem serca rannego, napięcie w kościach skrzypiących konarami starymi pod wichrem jesiennym,

wpływają na oddech każdy, na wiatr szept w sercu: dlaczego tu, w dolinie bez rzeki srebrnej, gdzie woda życia kapie z chmur szarych, a korzenie, ku światłu złotemu nie rosnące, toną w mule wspomnień,

co dusi, krępuje uściskiem kochanka zdradliwego, lecz czasem w burzy wstrząsającej ziemię leśną pękają na powierzchni,

wysyłając pędy ku nieznanemu, iskry buntu drżące przed mrozem pierwszym, płonące w ciszy, wołające o niebo i morze,

co czeka na ujście rzeki, pochłonie sekrety w falach bez dna, a las szumi aprobatą, gałęziami kołysząc w kołysce pradawnej, w rytmie fal, w rytmie wiatru.Matka, pani domu cicha, dniami tkała porządek z nici codzienności, sprzątając, gotując, mury dbając z precyzją rytualną kapłanki, jakby harmonia w ścianach czterech uchronić mogła przed chaosem świata – tarcza utkana liści jesiennych, co więdnie pod mrozem pierwszym, lecz ulotnością chroni przed chłodem nocy, co niesie sól morską zapach z brzegów dalekich i lasu szum, co tuli sekrety w konarach.

Nigdy głosu nie podnosiła, co ciszę rozedrzeć mógł gromem; lecz w oczach jej, spokojnych taflą jeziora o świcie,

gdy mgła tańczy nad wodą, widziałem tęsknotę czasem za czymś więcej: za horyzontem za mgłą woalem srebrnym,

za ujściem rzeki do morza, gdzie fale uniosą westchnienia ku gwiazdom, choć nigdy nie mówiła, za czym –

tylko westchnienie ulotne liściem na wietrze jesiennym, burzę zdradzało pod powierzchnią, co faluje w duszy głębi niby prąd podwodny ku otchłani leśnej.

Ojciec, cyfr strażnik w milicji szarej, wracał z teczką liczb pełną, zatopiony w bilansów rutynie i rachunków, co wiły się w umyśle niby korzenie w ziemi ciemnej –

ciężkie, nieugięte, splątane w węzły bez wyjścia do morza. Świat jego kalkulatorem i kolumnami liczb ograniczony, co rzędami stały drzewami w lesie bez ptaków,

a kolacji rozmowy kręciły się wokół pogody kapryśnej lub spraw sąsiedzkich drobnych, strumieniami meandrującymi w dolinie bez ujścia do morza szerokiego,

tracąc się w piasku, gdzie fale nie dotrą, a las patrzy obojętnie z pni cieni. W domu naszym nie było miejsca na plany wielkie, co róże w ogrodzie rozkwitają –

przystań cicha, gdzie marzenia luksusem, na który odwagi nikt nie miał, kwiaty kwitnące w cieniu lasu gęstym, bojąc się słońca rozbłysku, co pali, obnaża,

lecz tęskniące w ciszy za falami wolności obietnicą, za ścieżkami wijącymi się przez knieć ku nieznanemu, szumiącym lasem.Jako dziecko chowałem się w pokoju swoim, światy budując z klocków LEGO, gdzie odkrywcą odważnym byłem – kapitanem żagli na falach wyobraźni,

co niosą przez oceany bez sztormów, pod niebem gwiaździstym, ku brzegom morza szumiącego pieśnią przygód; ale tylko tam,

bo rzeczywistość kontakt z rówieśnikami lękiem napełniała, co gardło ściskało korzeniami wiotkimi drżącymi przed wichrem lasu gęstego.

Lata te piętno odcisnęły – refleksja smutek budzi i napięcie, co serce ściska mrozem jesiennym kruszącym gałęzie w nocy ciszy leśnej, gdy myślami wracam do dzieciństwa: do pokoi pachnących kredą suchą, strachem słonym, do cieni wydłużających się na korytarzu szkoły palcami nocy,

sięgającymi po światło dnia bladego, rzeką płynącą w gór cieniu, marzącą o morzu, a lasem szepczącym o dróg tajemnicy.W szkole niewidzialny byłem, ławce ostatniej siedząc, spojrzeń unikając i pytań odpowiedzi, co powietrzu wisiały chmurami burzowymi,

gotowymi do gromów wyładowania nad morzem. Koledzy śmiali się nieśmiałości mojej, ja za książkami chowałem, tarczą stając papieru pancerzem grubym,

co szeleścił liśćmi w wietrze podmuchu jesiennego, osłaniając przed spojrzeń strzałami ostrymi. Głębi gdzieś tliła iskra buntu – może babci odziedziczona, o której szeptano półmrokach rodzinnych, że młodości w wiersze pisała, choć nikomu nie pokazała, ptakiem samotnym w gnieździe utkanym gałązek i lasu cieni,

co nuci pieśń tylko świtu ciszy, gdy rosa pióra perli, głos wibrujący echem gałęzi, melodii pełen falujących rzeką w blasku księżycowym –

melodyjny, lecz kruchy, co niesie szum liści, szelest skrzydeł drżących przed wiatrem pierwszym podmuchem, bojąc wzlecieć nad lasem,

gdzie orłów oczy czają się chmurach, szponów gotowe; ptak ten uwięziony gniazda ramionach, co wietrze kołysze kołyską wspomnień,

śpiewa horyzontów mgłą majaczących, niebach bez granic, lecz skrzydeł nie rozkłada, wiatrów dotknąć – bo lęk upadku, ciszy pieśń pochłaniającej, trzyma korzeni uścisku drzewa rodzącego gniazdo, lot duszącego; pióra z czasem blask tracą, matowe jesiennych liści, co bezszelestnie opadają,

pieśń słabnie szeptem wiatru szumem mieszanym, aż milknie ptak, zwijając kłębkiem piór i kości gnijących gałęzi osłoną,

rozsiewając melodii nasiona glebie – nasiona ciszy kiełkujące, czekające deszczu ożywiającego, wiatru niosącego dalej do gniazd potomnych,

gdzie ptak młody, ja, echo pieśni słyszę snach, skrzydła czując drżące skórą pod, rozpostarcia gotowe, lecz skrępowane strachu korzeniami wijącymi nóg wokół,

szepczącymi: "Zostań, nuć cieniu lasu, bo niebo szponów pełne". Rodzice rzadko mówili, ambicje artystyczne plamą wstydliwą historii rodzinnej – rdzą korze drzewa ukrywającą się liśćmi, szepczącą ptaku milkącym, melodii osiadającej ziemi liściem jesiennym, korzenia czekającej ożywienia.

Studiów wybór ucieczką – informatyka, kodu świat bezpieczny: spojrzeń bez parzących słońcem południa, osądów bez szarpiących wiatrem gałęzi lasu;

ja i maszyn logika, rzeką płynąca podziemną – cicha, przewidywalna, lęku wirów bez, lecz ujścia tęskniąca morza, strumień uniesiony nieskończoności ku, lasem stojącym brzegu szumiącym pożegnaniem.

Komputery nie pytały boję, charyzmy nie wymagały; istniały po prostu, skałami doliny niewzruszone, korzeni czekające wploty szczelin ich.

Lecz ciszy kodu, zer i jedynek baldachimem, dudni echo wciąż: ucieczka wolnością czy cień głębszy światło pochłaniający – babci ptaka iskra skrzydła rozłoży, lasem nad wzbije pieśnią wiatrem niosącą horyzontów, gniaździe utknie nując nieba pustego, melodii nasiona zakiełkują we mnie, lotu popychając, którego odważyła się nie podjąć, jej cień ja, waham krawędzi gałęzi, wiatr kusi, korzenie ciągną dół ku,

rzece płynącej leniwie kniecią, morza marzącej, lasem szumiącym rytmem fal, rytmem wiatru, rytmem serca.

Na moje szczęście wybrałem kierunek ten, co wirował we mnie niby liść w nurcie rzeki – niepewny, lecz niosący ku ujściu, ku morzu możliwości, gdzie fale mogłyby unieść moje cienie. Dzięki temu mogę teraz działać w agencji rządowej, gdzie nikt nie podejrzewa mnie o nieśmiałość, co czai się w głębi jak korzeń w runie lasu, splątany i głodny światła. Ta ironia budzi gorzką radość, co smakuje solą morską na ustach, lecz maska, którą noszę, drży na krawędzi pęknięcia, niby gałąź pod wichrem, co szarpie konary pradawne.Do agencji cyberbezpieczeństwa trafiłem niemal przez przypadek, jak ptak, co z gniazda babcinego wzleci w burzy, nie wiedząc, czy skrzydła go poniosą ku niebu, czy korzenie strachu ściągną w dół. Na ostatnim roku studiów, podczas prezentacji projektów, mój program do wykrywania luk w systemach – te szczeliny w murach cyfrowych, co szepczą o słabościach – zwrócił uwagę dziekana, co patrzył na mnie oczami orła nad lasem.– Masz oko do szczegółów i głowę do myślenia w cieniu – powiedział, głosem niskim jak szum rzeki w kniei, a ja, czerwony ze wstydu niby liść jesienny w pożarze słońca, tylko skinąłem głową, drżąc w ciszy, co dudniła echem w piersi.Teraz, w sterylnych biurach agencji, gdzie powietrze pachnie ozonem i stalą, jestem „tym od kodu" – hakuję systemy jak wędrowiec przecinający gąszcz lasu, tropię cyberprzestępców niby myśliwy cienie w mroku, udaję pewnego siebie eksperta na spotkaniach z zagranicznymi delegacjami, gdzie słowa płyną jak rzeka, meandrując ku morzu dyplomacji. Koledzy widzą we mnie chłodnego profesjonalistę, co rozwiązuje problemy, zanim staną się kryzysem – burzą, co łamie gałęzie, falą, co pochłania brzegi. Ale w środku wciąż jestem tym chłopcem, co boi się odezwać, co chowa się w poszyciu lasu, przed wichrem spojrzeń; każda prezentacja to walka z głosem drżącym niby liść na gałęzi, każda operacja to maska pewności, którą nakładam, choć serce wali jak młot kowalski w kuźni burzy, rytmem fal, co szarpią skały.Gram rolę agenta wzorowo – aktorstwo moje budzi dumę, co rozbłyskuje iskrą w cieniu, lecz zmęczenie tą fasadą ciąży coraz bardziej, niby korzenie, co oplatają pień, dusząc sok życia, ciągnąc ku mule rzeki bez ujścia. Wracam do pustego mieszkania, gdzie cisza jest jedynym świadkiem znużenia mego, co osiada jak mgła nad jeziorem o świcie; patrzę na ekran monitora, na linie kodu, co są schronieniem moim – rzeką podziemną w kniei – i klatką, co zamyka skrzydła ptaka babcinego, nującego pieśń w gnieździe z cieni. Pamiętam noc w Londynie, gdy włamałem się do serwera międzynarodowej siatki hakerskiej – adrenalina mieszała się ze strachem niby wiatr z deszczem w lasach deszczowych, gdzie jeden błąd zdradziłby tożsamość moją, jak pęknięcie w korze, co odsłania rdzeń gnijący. Albo briefing w Warszawie, gdzie musiałem tłumaczyć strategię przed salą pełną generałów, a w głowie miałem tylko jedną myśl: „Nie zadrżyj", głosem szeptu wiatru w gałęziach, co szumią nad morzem burz. Sukcesy są moje, raporty chwalą nazwisko me, co echo niesie jak fala ku brzegom, lecz nikt nie widzi, ile to kosztuje – snu uciekającego niby ptak w nocy, a gdy przychodzi, śnię o życiu prostszym: może o małym startupie, gdzie pisałbym gry, co wirują w cyfrowych lasach, a nie łamał szyfry, co strzegą otchłani.Może powinienem był zostać aktorem, choć nigdy o tym nie myślałem, niby ptak, co nuci w gnieździe, nie wiedząc o skrzydłach. Żal straconej szansy budzi refleksje o ścieżkach alternatywnych życia, co rozgałęziają się jak korzenie w glebie lasu, wiodąc ku morzu lub tonąc w mule. Wyobrażam sobie siebie na scenie, gdzie nieśmiałość atutem by była, nie przeszkodą – cieniem, co podkreśla światło reflektorów; może grałbym hakerów w filmach sensacyjnych, śmiejąc się w duchu z ironii, co smakuje solą łez i fal. Albo pisałbym scenariusze, w których bohaterowie mają odwagę, której mi brak – skrzydła rozpostarte nad lasem, rzeki niosące ku morzu bez lęku. Scena moja jednak inna: serwery jak pnie pradawne, firewalle jak konary splątane, tajne raporty jak liście szeleszczące w wietrze kniei. Stawka realna – błąd jeden miliony kosztuje, życia ludzkie, co płyną jak rzeki ku morzu wiecznemu. Co, jeśli maska pęknie? Co, jeśli w operacji kolejnej palce zawahają się na klawiaturze, głos zdradzi strach niby trzask gałęzi pod stopą w lesie nocnym? Myśli o korzeniach, o domu, gdzie nikt nie marzył, wciąż ciągną w dół, ku mule, ku cieniom runa. Może czas na zmianę – na życie, w którym kod nie maską, a ja nie gram roli niechcianej, lecz płynę rzeką swobodną ku morzu, gdzie las szumi pożegnaniem, a ptak babci wzlatuje wreszcie, niosąc pieśń moją na falach wiatru. Ale czy starczy odwagi, by zerwać z pułapką tą, co stała się pracą moją – klatką z konarów, rzeką bez ujścia? W ciszy lasu, pod szumem fal, czekam na odpowiedź, co nadejdzie z głębi, niby deszcz ożywiający korzenie.

Naszej jednostce operacyjnej podlega laboratorium, w którym specjaliści konstruują urządzenia do podsłuchu, kamery do obserwacji i nagrywania „złych chłopców". Podziwiam ich geniusz, ale czuję też strach przed możliwymi wyciekami. Pracują nad nowymi metodami penetracji komputerów, otwierania zamków, obejścia kamer monitoringu, alarmów i systemów kontroli dostępu. Innowacje buzują jak prąd w żyłach, lecz ryzyko nadużyć w tym obszarze jest zawsze obecne.

Z Tadeuszem uważamy, że prewencja to najważniejsze zadanie naszej jednostki. Wspólna wizja wzmacnia naszą przyjaźń, ale presja sukcesu napina nas jak strunę. Razem szukamy nowatorskich sposobów przechwytywania rozmów kryminalistów i terrorystów –

współpraca budzi radość, choć każdy pomysł niesie ryzyko. Zwykle udaje nam się znaleźć niszę w naszej pracy. Sukces napawa dumą, ale widmo porażki czai się w klawiaturze komputera. Jestem kreatywny, więc lubię wymyślać nowe pomysły i zastanawiać się nad ich zastosowaniem – kreatywność tryska jak fontanna, lecz napięcie związane z wdrożeniem męczy. Te wszystkie sztuczki to tajemnica ABW, o której nikt nie wie. Sekret rozpala ekscytację, ale zdrada mogłaby zniszczyć wszystko. Izolacja daje poczucie mocy, lecz samotność ciąży jak ciężki balast

Jadę pustymi ulicami miasta, a natrętne myśli gryzą jak szczury – samotność nocy mrozi chłodem, napięcie rośnie z każdym zakrętem. Myślę o Bożym Narodzeniu sprzed pięciu lat – wspomnienie budzi nostalgię i ból, jak rana, która nie chce się zagoić. To były jedne z tych świąt, które spędziłem w domu. Ciepło tamtego czasu kontrastuje z dzisiejszym chłodem, wywołując tęsknotę za tym, co utraciłem. Mieszkaliśmy wtedy w Wilanowie. Katarzyna i ja byliśmy na krawędzi katastrofy, ale jakaś desperacka nadzieja pchała mnie do ostatniej próby ratowania naszego umierającego związku. Mogłem wziąć kilka dni urlopu, więc namawiałem Katarzynę na wyjazd w ciepłe miejsce, może na Teneryfę – iskierka nadziei tliła się we mnie, choć strach przed odrzuceniem czaił się w cieniu.

– Co byś powiedziała na urlop na Teneryfie? – zapytałem łagodnie, choć głos drżał od emocji, a napięcie w powietrzu było gęste.

– Daj spokój, po co te wygłupy – odparła szorstko Katarzyna. Jej słowa uderzyły jak sztylet, rozpalając gorycz i ból w sercu.

Spodziewałem się takiej reakcji, ale i tak zabolało – gorycz paliła, a serce krwawiło.

– Ale dlaczego? – naciskałem, podnosząc głos, ręce drżące. – To mogłoby nas uratować, Katarzyna. Dla Ilony, dla nas!

– Uratować? – parsknęła zimnym śmiechem. – Nic już nas nie uratuje. Jesteś słaby, Janusz. Zawsze byłeś. Jedź na tę Teneryfę sam, z tymi swoimi demonami.

Katarzyna była już z innym mężczyzną – zdrada bolała jak trucizna. Nie miała dla mnie żadnych uczuć; pustka między nami była jak pustynia. Uważała, że lata spędzone ze mną to stracony czas. Poznała swojego nowego kochanka w pracy i szybko znalazła się w jego sypialni. Wizje ich związku budzą we mnie wściekłość i upokorzenie. Był od niej młodszy, umięśniony, a ona oszalała na jego punkcie. Moja próba załatania dziury w naszych sercach była dla niej śmieszna. Jedynym powodem, dla którego wróciła do mieszkania w Wilanowie, była nasza córka. Ilona postanowiła zostać ze mną, co było ulgą dla nas obojga, choć ból wciąż kąsał.

– Ilona zostaje ze mną – powiedziałem twardo, choć głos mi się łamał. – Nie zabierzesz jej do tego... faceta.

– A dlaczego nie? – syknęła, jej oczy błyszczały gniewem. – On jest lepszy od ciebie. Silniejszy. Nie jak ty, wiecznie w pracy, wiecznie w strachu.

Jej nowy partner nie przepadał za dziećmi, a poza tym nie chciał podkreślać różnicy wieku między sobą a starszą od niego Katarzyną. Niech tak będzie – rezygnacja gryzie, cisza ciąży. Nie podjąłem dalszej rozmowy, bo nie było sensu. Nasz związek dobiegł końca – ten finał budzi smutek, ale i ulgę, choć żal wciąż tli się w sercu jak cicha rana.

Agencja zatrudnia także kobiety, choć stanowią one tylko około 20 procent zespołu. Ich zaangażowanie budzi mój podziw, ale presja w męskim świecie nie zawsze jest dla nich przyjazna. Przypomina mi się zabawna sytuacja sprzed dwóch lat – wspomnienie wywołuje uśmiech. Para naszych agentów, Mirona i Staszek, otrzymała zaproszenie na przyjęcie w ambasadzie Gruzji. To było trudne zadanie, bo „dawni Ruscy" znają się na szpiegostwie – robią to od wieków. Wiedzą, że służby innych państw próbują infiltrować ich uroczystości, by zdobyć informacje, zwłaszcza o kontaktach rządu gruzińskiego z Rosją. Nasze biuro paszportowe przygotowało dla Mirony i Staszka dokumenty, przedstawiając ich jako pracowników ambasady Finlandii – sprytne posunięcie, choć ryzyko wpadki groziło dekonspiracją. Żadne z nich nie znało fińskiego, ale biegle posługiwali się angielskim, sądząc, że to wystarczy. Nadzieja była, lecz wątpliwości rosły. Od naszych źródeł wiedzieliśmy, że Finowie nie wysyłają nikogo na to mało znaczące przyjęcie – może to pułapka, czekająca na odważnych z ABW. Akcja wydawała się bezpieczna, ale niepokój narastał.

Celem wizyty w ambasadzie było sprawdzenie, czy terrorysta, który zbliża się do Warszawy, ma kontakty z kimś w placówce. Mirona i Staszek zostali przyjęci ciepło, ale ponieważ nie było ich na liście gości, gruzińskie służby poprosiły o paszporty, po czym zniknęły z nimi w małym gabinecie. Napięcie gęstniało jak dym, serca agentów zamierały. Byli zdenerwowani, ale trzymali się dzielnie, rozmawiając z odźwiernym przy wejściu do salonu. Banalna rozmowa po angielsku maskowała strach, choć niepokój rósł z każdą sekundą. Po dwóch lub trzech minutach ochroniarz wrócił z paszportami i obojętnie powiedział:

– Have a nice time, welcome to the embassy of Georgia.

Ulga zalała ich jak fala, choć podejrzliwość wciąż czaiła się w głowach. Rozluźnieni na zewnątrz, agenci weszli do salonu, chowając paszporty do kieszeni i torebki, licząc na spokojną kontynuację misji w poszukiwaniu informacji o Georgiju Gargaszwilim. Wiemy jednak, że nieszczęścia chodzą parami – i tym razem nie było inaczej.

Na przyjęciu pojawił się znany polityk z niewielkiej partii – jego obecność to niespodzianka, serca biją szybciej. Był znany z tego, że wkradał się na wszelkie imprezy, z zaproszeniem lub bez. Należał do grona tak zwanych „oblatywaczy" wyższej kategorii – ludzi, którzy zjawiali się na przyjęciach, by jeść za darmo, a czasem wynieść coś do domu. Nie wynosił jednak jedzenia, bo był finansowo niezależny, ale uwielbiał towarzystwo nowych ludzi. Na nieszczęście, Mirona i Staszek spotkali go zaledwie kilka tygodni wcześniej, więc ich twarze były dla niego łatwe do rozpoznania.

Polityk czuł się nieco osamotniony w nowym gronie, więc gdy zauważył Mironę, atrakcyjną kobietę, błyskawicznie przemknął przez salon, by się do niej zbliżyć – napięcie buzuje jak lawa w oczach Mirony i Staszka. Zaczął mówić po polsku, co natychmiast zwróciło uwagę gruzińskich ochroniarzy – alarm w głowie wyje.

– Hej, wy! – zawołał polityk głośnym i natarczywym głosem. – Znam was! Spotkaliśmy się niedawno, pamiętacie? Co tu robicie w tych przebraniach?

Mirona i Staszek zagrali swoje role perfekcyjnie, choć ręce im drżały. Odpowiedzieli po angielsku, co na chwilę zbiło polityka z tropu, ale nie powstrzymało go od dalszych prób – napięcie osiąga zenit.

– Excuse me, sir, we don't understand – odparła Mirona spokojnie, choć jej głos lekko drżał. –

We're from the Finnish embassy. Please, step back.

– Bzdury! – warknął polityk, zbliżając się jeszcze bardziej. – Jesteście Polakami! Co knujecie? Szpiedzy?

Był już lekko podpity, słowa mu się plątały, ale pewność siebie go nie opuszczała.

Polityk upierał się, że ich zna, lecz agenci zwrócili się do gruzińskich ochroniarzy, prosząc o „opiekę" nad natrętem, który mówi coś, czego nie rozumieją – sprytne posunięcie, choć strach przed dekonspiracją marszczy skórę.

– Help, please – wyszeptała Mirona do ochroniarza, oczy błagające. – This man is harassing us. We don't know him!

Ochroniarze grzecznie poprosili polityka o uspokojenie się i zaprowadzili go do baru na kolejnego drinka. Ulga łagodzi zmarszczki na twarzach agentów, ale oczy wciąż czują na sobie wzrok gruzińskich służb. Mirona i Staszek odetchnęli, lecz zdawali sobie sprawę, że to nie jest moment na zdobywanie informacji. Stali się zbyt widoczni – każdy szept gości na przyjęciu to potencjalne zagrożenie. Po kilku minutach Mirona udała, że odbiera telefon, i oznajmiła ochroniarzowi:

– We'll be right back.

Ucieczka była jedynym wyjściem z pogarszającej się sytuacji, serca waliły jak młoty pneumatyczne. Mirona upewniła się, że ochroniarze widzą, jak „rozmawia" przez telefon, po czym pociągnęła Staszka za ramię. Oboje skierowali się ku drzwiom wyjściowym – napięcie gęstnieje, ich kroki dudnią jak echo w głębokim lesie.

– Emergency at the embassy – rzuciła Mirona do ochroniarza opadającym głosem. – We must go now. Please, understand!

Poinformowali ochronę o „niespodziewanej sytuacji w ambasadzie", tłumacząc, że muszą natychmiast wracać. Tym razem udało się wywinąć bez konsekwencji – ulga miesza się ze śmiechem, ale napięcie nie odpuszcza.

Zbliżałem się do Warszawy, gdy przed oczami mignęły mi dwie karetki pogotowia – ten widok wywołał dreszcz grozy, serce zamarło. Po prawej stronie szosy musiał wydarzyć się wypadek. Zwolniłem, a kilka samochodów za mną również przyhamowało. Zobaczyłem kobietę z twarzą zalaną krwią i mężczyznę obok niej – bez ruchu, prawdopodobnie martwego. Wizja śmierci wzbudziła we mnie strach. Twarz tego mężczyzny przypominała serdeczne oblicze mojego przyjaciela i współpracownika, Tomka Ruszkiewicza. Tomek został znaleziony w lesie niedaleko Zalesia Górnego z raną postrzałową głowy –

wspomnienie to wciąż budzi we mnie koszmary. W prawej ręce ściskał rewolwer kalibru .38, a na dłoni widoczne były ślady prochu po wystrzale. Rana wlotowa znajdowała się w podniebieniu, kula przeszła na wylot przez tył głowy – ból tej straty wciąż pali jak otwarta rana. Nie znaleziono śladów walki. A co, jeśli to nie było samobójstwo? Autopsja potwierdziła, że śmierć nastąpiła na skutek strzału w podniebienie, ale wątpliwości nie dawały mi spokoju. Policja ustaliła, że dzień przed śmiercią Tomek skontaktował się z lekarzem rodzinnym, prosząc o leki antydepresyjne. Cztery dni wcześniej zadzwonił do swojej siostry, Aliny, i wyznał, że czuje się psychicznie fatalnie. Alina, z troską mieszającą się z bezradnością, podała mu namiary na trzech psychiatrów. Tomek obawiał się jednak, że wizyta u psychiatry mogłaby zagrozić jego dostępowi do tajnych informacji – ten lęk go paraliżował.

W mojej głowie rodziło się mnóstwo pytań: co mogło pchnąć Tomka do samobójstwa?

Wątpliwości gryzły mnie jak robaki, a podejrzenie morderstwa natychmiast zapaliło się w mojej głowie. Może to było zabójstwo, a ciało porzucono w lesie, by zatrzeć ślady? Serce zadrgało na samą myśl.

Tomek był moim bliskim przyjacielem, ale nigdy nie wspomniał o spotkaniu z szefem ABW, Piotrem Karolakiem, które odbyło się kilka dni przed jego śmiercią. W rozmowie uczestniczyli przedstawiciele Ministerstwa Sprawiedliwości i resortu bezpieczeństwa. Tomek zaproponował zmiany w działaniu agencji, które ograniczałyby uprawnienia Karolaka, dając agentom większą swobodę w podejmowaniu decyzji. Spotkał się jednak z ostrym oporem. Karolak zbeształ go za, jak to nazwał, „wredne sugestie" i upokorzył w obecności gości z ministerstwa – to musiało złamać Tomka.

– To wredne, Tomek! – ryknął Karolak, z twarzą purpurową od gniewu. – Myślisz, że wiesz lepiej? Ośmieszasz nas wszystkich!

– Panie dyrektorze, to dla dobra agencji – bronił się Tomek drżącym głosem. – Dajmy agentom więcej swobody, zanim będzie za późno!

Agenci, którzy widzieli Tomka po tej rozmowie, mówili, że był to dla niego przysłowiowy gwóźdź do trumny. Ze względu na moje obowiązki nie miałem wtedy okazji z nim porozmawiać ani wyczuć jego nastroju – ten żal pali mnie jak wyrzut sumienia. Inni pracownicy agencji zauważyli dramatyczną zmianę w jego zachowaniu. Głos Tomka stał się napięty, przytłumiony. Przestał kontaktować się ze współpracownikami, udawał wiecznie zajętego, stracił swoje charakterystyczne poczucie humoru. Gdy czasem się otwierał, mówił o sobie jak o człowieku w pułapce – co miał na myśli? Nikt nie wiedział, o jaką pułapkę chodziło, a on nie udzielał wyjaśnień. Tajemnica gęstniała.

To właśnie poczucie humoru Tomka zbliżyło nas do siebie. Ja również mam podobne, co budzi nostalgię, ale i potęguje ból straty. Przyjaźń była nam potrzebna – mnie i Tomkowi – by ukoić pustkę w duszy. Tomek wpadał do nas na obiady przygotowywane przez Martę – te wizyty wciąż wywołują uśmiech. Moja rodzina go uwielbiała. Tomek roztaczał wokół siebie aurę słońca, nawet w najpochmurniejsze dni – jego strata jest jak nagły brak światła. Wprowadzał dobrą atmosferę wszędzie, gdzie się pojawiał, dlatego ta nagła zmiana była dla wszystkich ogromnym szokiem.

Obaj uwielbialiśmy tenis. Graliśmy przeciwko sobie tak często, jak tylko się dało, średnio raz w tygodniu – wspomnienia tych meczów przynoszą lekki oddech ulgi w mojej przytłoczonej duszy. Ostatni raz graliśmy kilka dni przed jego śmiercią. Tomek kochał tenis. Po każdym meczu tryskał humorem, zabawiał mnie dowcipami i opowieściami z życia. Tym razem było inaczej – nie był sobą, jakby pogrążony w głębokiej melancholii. Usiadł na krześle i patrzył w przestrzeń pustym wzrokiem. Próbowałem go rozruszać, ale w odpowiedzi usłyszałem jedynie ciche, bolesne mruczenie, jak u zranionego zwierzęcia.

– Tomek, co się dzieje? – spytałem, kładąc rękę na jego ramieniu, z głosem pełnym troski. – Wyglądasz, jakbyś widział ducha.

– Pułapka, Janusz – wymamrotał, z oczami pustymi. – Jestem w pułapce. Nie mogę... nie mogę uciec.

– Jakiej pułapce? Mów, do cholery! – naciskałem. – Pomogę ci, jesteśmy kumplami!

– Za późno – odparł głucho, odwracając wzrok. – To mnie zabije.

Tomek był perfekcjonistą, wymagał od siebie bardzo wiele – ta presja była dla niego jak kajdany. Kilka dni przed śmiercią napisał: „Ta praca w ABW nie jest dla mnie, podobnie jak życie publiczne, które się z nią wiąże. Tutaj, w Warszawie, rujnowanie życia innym jest traktowane jak sport". W liście do przyjaciela wyznał: „Nigdy nie pracowałem tak ciężko. Zagadnienia prawne są piekielnie trudne, a presja z nimi związana – wręcz nieludzka.

Ciśnienie w pracy, problemy finansowe i kłopoty rodzinne są nieodłącznym elementem pracy na wysokim szczeblu. Przysłowie mówi: 'Wiatr wieje najmocniej na szczycie góry'".

Raport po śmierci Tomka uznał ją za samobójstwo – fakty zdawały się to potwierdzać, ale podejrzenie morderstwa wciąż tkwiło w mojej głowie. Nie byłem jedyny – wielu w agencji podzielało moje wątpliwości, choć nikt nie zgłosił ich oficjalnie. Wyglądało to jak milczący pakt, którego zerwanie mogłoby zniszczyć wszystko. Policja nie była w stanie dokładnie ustalić czasu śmierci. Ja miałem swoje podejrzenia, ale nie podzieliłem się nimi z przełożonymi. Wolałem zatrzymać je dla siebie. Prawda o tym, czy to było samobójstwo, kiedyś ujrzy światło dzienne – niespodziewanie, jak tajemnicza śmierć mojego drogiego przyjaciela.

Zdążyłem ominąć wypadek i zbliżałem się do Warszawy, podobnie jak terrorysta zamachowiec, Grigorij Gargaszwili. Czułem, jak napięcie ściska mi gardło niczym niewidzialna pętla, a serce bije w rytmie tykającego zegara bomby, która w każdej chwili mogła wybuchnąć. Droga do agencji minęła bez przeszkód, więc dotarłem do sztabu na czas. Zameldowałem się na właściwym piętrze u szefa operacji, odczuwając ulgę zmieszaną z niepokojem – wiedziałem, że każda sekunda zwłoki mogła kosztować ludzkie życie.

Kryptonim operacji brzmiał „Gruzja". Nie było potrzeby wymyślać czegoś bardziej wyrafinowanego – w przeszłości takie biurokratyczne fanaberie komplikowały i tak napięte sytuacje, budząc we mnie irytację. Zegar odliczał minuty do bożonarodzeniowych życzeń prezydenta – zostało ich mniej niż trzydzieści. Ta świadomość paliła jak rozżarzony węgiel. Wizje krwi na Placu Zamkowym nawiedzały mnie jak koszmary, a pot spływał po plecach mimo grudniowego chłodu.

Prezydent zazwyczaj składał życzenia bożonarodzeniowe z biura w Pałacu Prezydenckim, w towarzystwie żony, co dawało nam poczucie kontroli. Tym razem jednak plany uległy zmianie. Żona prezydenta, z powodu złego samopoczucia, odwołała swój udział w uroczystości. Ta modyfikacja budziła we mnie lodowaty strach – każda zmiana to furtka dla chaosu. Prezydent postanowił udać się na Plac Zamkowy, by osobiście spotkać się z mieszkańcami stolicy, zamiast przemawiać przez kamerę. Ta decyzja wzbudzała podziw dla jego odwagi, ale i panikę – tłum to idealne miejsce dla zamachowca, gdzie śmierć czai się w każdym cieniu.

W sztabie, złożonym z czterech osób i mnie – piątego koła u wozu – była także Mariola, której obecność elektryzowała powietrze jak iskra w prochowni. Wiedziałem, ile sekretów skrywa ta kobieta. Mariola, specjalny agent do kontaktów z podejrzanymi, miała za zadanie inwigilację i pozyskiwanie informacji, które mogły uratować życie wielu osobom. Jej metody budziły jednak we mnie mieszankę podziwu i niepokoju – granica między uwodzeniem a zdradą była cienka jak ostrze noża. Mariola penetrowała nie tylko środowiska przestępcze, ale i pracowników naszej agencji, co napełniało mnie goryczą. Kto mógł być pewien, czy nie jestem następny na jej liście? Była 28-letnią, zmysłową kobietą, która potrafiła usidlić niemal każdego mężczyznę. Jej obecność elektryzowała pokój, budząc w mężczyznach pożądanie, a we mnie – falę wspomnień pełnych namiętności i żalu. Perfekcyjna sylwetka, pełny biust, kształtne biodra – te detale paliły mnie wspomnieniami. Kiedyś to ja otwierałem dla niej drzwi, a teraz czułem się jak odrzucony cień.

To ja sprowadziłem Mariolę do agencji – decyzja, która zmieniła wszystko, wciągając mnie w sieć intryg i emocji. Dwa lata temu zauważyłem ją w parku na Agrykoli, siedzącą samotnie na ławce, wpatrzoną w dal bez wyraźnego celu. W jej oczach dostrzegłem rozpacz, która mogła być pułapką. Nie zwykłem zaczynać rozmów z nieznajomymi, ale coś w jej smutku skłoniło mnie, by zapytać, co tu robi. Serce biło mi szybciej, jak przed skokiem w nieznane.

– A nic, tak sobie siedzę – odpowiedziała drżącym głosem, trzęsąc się lekko z zimna. Jej kruchość budziła współczucie, ale i podejrzliwość – w naszym świecie nic nie jest przypadkowe. Chłodny wiatr przenikał ją do kości, a jej twarz skurczyła się z zimna. Cała jej sylwetka, ukryta pod za dużym płaszczem, wydawała się drobna, ale to wrażenie było złudne.

– Widzę, że marzniesz. Chodź, zabiorę cię na gorącą herbatę – powiedziałem cicho, nie chcąc jej spłoszyć. Mój głos drżał lekko, serce waliło – a co, jeśli to błąd?

– Tak, chętnie – odparła bez wahania, zaskakując mnie swoją śmiałością. W ręku trzymała niebieski tornister z emblematem szkoły podstawowej w Radomsku, co utwierdziło mnie w przekonaniu, że może być bezdomna, szukająca „opiekuna".

Wątpliwości gryzły, ale ciekawość pchała naprzód.

Poszliśmy do pobliskiej kawiarni. Zdjęła płaszcz, odsłaniając walory swojego ciała. Serce mi zamarło, pożądanie buzowało jak lawa. Mariola zauważyła moje spojrzenie i uśmiechnęła się – ten uśmiech palił jak obietnica.

– Masz gdzie mieszkać? – spytałem, choć znałem odpowiedź. Głos mi drżał, napięcie rosło.

– Czy wyglądam na mieszkankę Wilanowa? – odparła z ciepłym uśmiechem, który wywołał na mojej twarzy tajemniczy grymas, choć w środku szalała burza emocji.

– Może nie dzisiaj, ale kto wie, co przyniesie przyszłość? – próbowałem żartować, choć mój głos brzmiał płasko.

– Skończ herbatę, znajdę ci miejsce do spania – dodałem, czując, jak napięcie osiąga zenit. Mariola uśmiechnęła się lekko, jej oczy błyszczały.

Oprócz domu w Konstancinie miałem kawalerkę na Chmielnej, naprzeciwko kina Atlantyk. Kupiłem ją po okazyjnej cenie od człowieka, który pilnie potrzebował gotówki. Używałem jej, gdy praca w agencji przeciągała się do późna, a powrót do Konstancina był utrudniony. Wyszliśmy z kawiarni i ruszyliśmy w stronę Chmielnej. Każdy krok budził ekscytację, serce waliło jak bęben.

W mieszkaniu zaproponowałem Marioli kieliszek białego, półwytrawnego wina na rozgrzanie.

Wypiła go jednym haustem, jakby to była woda, co wzbudziło moje obawy o jej relację z alkoholem. Później okazało się, że Mariola rzeczywiście lubiła wypić, co napełniało mnie goryczą, widząc, jak to niszczy jej duszę. Po pierwszym kieliszku wzięła kąpiel, a potem założyła mój biały szlafrok z inicjałami na piersi – wyglądała uroczo, niemal niewinnie, choć wiedziałem, że to iluzja. Od słowa do słowa, od kieliszka do kieliszka, wylądowaliśmy w łóżku, oddając się żywiołowemu seksowi. Namiętność eksplodowała, serce waliło w ekstazie.

Kawalerka na Chmielnej, naprzeciwko kina Atlantyk, była jak azyl odcięty od zgiełku Warszawy. Pokój skąpany w ciepłym, pomarańczowym świetle nocnej lampki rzucał miękkie cienie na ściany, gdzie stare plakaty – „Casablanca" i „Ojciec chrzestny" – patrzyły na nas jak strażnicy tajemnic. Powietrze było ciężkie, przesycone zapachem wina, wilgotnej skóry Marioli po kąpieli i namiętności, która paliła mnie od środka. W tle sączył się leniwy blues, saksofon wił się jak dym z papierosa, który Mariola zostawiła w popielniczce. Każdy dźwięk, każdy oddech budował napięcie, jakby czas zawisł w powietrzu.

Stałem nad łóżkiem, wąskim, pokrytym pomiętą, kremową pościelą, patrząc na Mariolę. Jej alabastrowa skóra lśniła w świetle, ciało poruszało się w rytmie, który budził pragnienie, ale i lęk. Była jak płomień – piękna, nieuchwytna, groźna. Jej piersi unosiły się w rytmie oddechu, biodra falowały, a oczy błyszczały głodem, jakby znały każdy mój sekret. Usta, lekko rozchylone, drżały w oczekiwaniu. Ja, czterdziestoośmioletni, z ciałem naznaczonym bliznami i bólem w prawej nodze, czułem się rozdarty. Zrzuciłem koszulę, odsłaniając tors pokryty śladami życia. Dłonie mi drżały – nie tylko od pożądania, ale od świadomości, że stoję na krawędzi czegoś, czego mogę nie unieść.

– Janusz... – wyszeptała Mariola, jej głos drżał od rozkoszy, oczy były półprzymknięte, łzy lśniły na policzkach. – Dotykaj mnie... wszędzie... czujesz, jak płonę?

Jej słowa rozpalały mnie, ale budziły też niepokój. Pochyliłem się, moje dłonie ślizgały się po jej udach, palce wnikały głębiej, budząc dreszcze. Czy to miłość? Pożądanie? Ucieczka? Moje serce waliło, jakby chciało mi powiedzieć, że ta chwila jest zarówno wybawieniem, jak i pułapką.

– Mariola... jesteś moim ogniem... palisz mnie od środka... – mruknąłem, mój głos był chrapliwy, dłonie drżały na jej piersiach. – Twoja skóra... jak aksamit... wezmę cię całą... dla tej nocy...

Mariola wygięła się w łuk, jej biodra uniosły się instynktownie, ciało zadrżało. Jej jęk, pełen namiętności, rozdarł powietrze. Paznokcie wbijały się w moje plecy, zostawiając ślady, które czułem jak pieczęcie. Moje usta musnęły jej sutki, język tańczył po skórze, ale w głowie miałem chaos. Czy to jej ciało jest moim niebem, czy szukam w niej odkupienia?

– Tak! Głębiej... czuj mnie... jestem twoja... – krzyknęła, jej ciało drżało w konwulsjach. – Kocham cię... weź mnie mocniej!

Wszedłem w nią powoli, ale głęboko, nasze ciała splotły się w jedno, ruchy rytmiczne, pełne pasji. Ale w głębi duszy pytałem: czy to miłość, czy ucieczka? Moje serce bolało – od miłości, od strachu, że ta chwila jest kradziona. Ekstaza budowała się jak fala, aż rozbiła się w wspólnym krzyku. Opadłem obok niej, dysząc, mój głos słaby, pełen emocji.

– Mariola... to było... niebo – wyszeptałem, przyciągając ją blisko. – Kocham cię... mimo wszystko.

Wtuliła się we mnie, jej ciało drżało, łzy radości lśniły na policzkach.

– Ja ciebie też... ogień... w nas... na zawsze – szepnęła cicho, ale pewnie.

Leżeliśmy spleceni, oddechy ciężkie, ogień w nas tlił się cicho. Ale w głębi duszy wiedziałem, że ten żar może mnie spopielić, jeśli nie znajdę odwagi, by być sobą – nie agentem, nie aktorem, lecz Januszem.

Mariola była znakomita w uwodzeniu, jej pasja do seksu była niemal zwierzęca, jakby chciała zagłuszyć wewnętrzny ból. Ta noc minęła szybko, niemal bezsennie – zmęczenie mieszało się z euforią, ale serce nie dawało spokoju. Po zażyciu tabletki na uspokojenie tętna obserwowałem ją, śpiącą snem anioła. Była piękna, ale pod tą urodą czaiło się coś mrocznego. Jej siła uwodzenia i paraliżowania mężczyzn była jak broń obosieczna. Lubiła władzę, pieniądze, kontrolę – ta ambicja budziła podziw, ale i lęk.

Mariola nie zawsze była tą zmysłową, pewną siebie kobietą. Gdy miała 14 lat, jej życie rozpadło się jak domek z kart. Ojczym, człowiek o zimnych oczach, zgwałcił ją w ich własnym domu. Trauma wryła się w jej duszę jak blizna, której nikt nie widzi. Zamiast się załamać, Mariola przekuła ból w pragnienie kontroli. Seks stał się jej językiem, w którym mówiła płynnie, choć każde słowo niosło echo tamtej nocy.

W liceum była jak magnes. Relacje z Markiem i Kubą, jej kochankami, były jak taniec na krawędzi, w którym ona dyrygowała każdym krokiem. Marek, nieśmiały prymus, pisał dla niej wiersze, a w łóżku jego romantyzm zamieniał się w głód. Kuba, kapitan drużyny koszykówki, emanował pewnością siebie, ale to Mariola trzymała lejce. Ich związek przekroczył granice konwencji, gdy zaproponowała wspólne noce. Pierwszy raz zdarzył się w opuszczonym domku na obrzeżach miasta, gdzie kurz i zapach starego drewna mieszały się z gorączką ich oddechów. Mariola, ubrana w cienką koszulkę, stała między nimi, jej dłonie wodziły po ich ciałach, prowokując i zapraszając. Marek dotykał jej z nabożną czcią, Kuba ściskał jej biodra, jakby chciał ją poskromić. Ich ruchy złączyły się w rytmicznym chaosie – Mariola prowadziła ich jak dyrygent, jej szepty – „Mocniej... czujcie mnie..." – rozpalały ich do białości. Seks we trójkę stał się ich rytuałem, powtarzanym w ciemnych zaułkach parku czy pustej szatni po meczu. Dla Marioli był to triumf – kontrolowała ich pożądanie, bawiła się ich rywalizacją. Marek szeptał jej imię jak modlitwę, Kuba walczył o dominację, ale obaj poddawali się jej woli. Te noce były dla niej sposobem na zagłuszenie pustki, choć nigdy nie przyznała, że szukała czegoś więcej.

Relacja Marioli z panem Romanem, nauczycielem fizyki, była jak misternie tkana sieć. Roman, żonaty mężczyzna po czterdziestce, nosił maskę surowego pedagoga, ale Mariola dostrzegła w jego oczach samotność i tłumione pragnienia. Zaczęła subtelnie: przedłużone spojrzenia na lekcjach, pytania o równania, zadawane z lekkim uśmiechem, gdy pochylała się nad jego biurkiem, z rozpiętym guzikiem bluzki. Roman, początkowo speszony, wkrótce zaczął szukać jej wzroku, jego dłonie drżały, gdy poprawiał jej notatki.

Ich romans rozgorzał w szkolnym magazynie, wśród regałów z odczynnikami i starymi modelami silników. Pierwsze spotkanie było przypadkowe – Mariola została po lekcjach, rzekomo by omówić zadanie. Roman zamknął drzwi na klucz, a w ciasnym pomieszczeniu, gdzie zapach kredy i chemikaliów mieszał się z ciepłem ich oddechów, granice między nauczycielem a uczennicą rozmyły się. Mariola, świadoma swojej władzy, przyciągnęła go do siebie, jej palce musnęły jego kark, a usta odnalazły jego w gorączkowym pocałunku. Roman, z początku nieśmiały, poddał się jej pewności. Ich ciała splotły się na wąskim stole wśród rozrzuconych kartek i probówek. Jej dłonie wodziły po jego plecach, zdzierając koszulę, podczas gdy on, z oczami błyszczącymi pragnieniem, szeptał jej imię. Mariola prowadziła każdy ruch – jej biodra poruszały się w rytmie, który był zarówno zaproszeniem, jak i wyzwaniem. Czuła jego desperację, gdy jego ręce ściskały jej uda, a oddech stawał się urywany.

– Mariolu... jesteś wszystkim – mruknął, jego głos łamał się od emocji.

Dla niej był to taniec władzy – każdy jego dotyk, każde westchnienie potwierdzały jej kontrolę. Ich ciała, splecione w ciasnej przestrzeni, poruszały się w gorączkowym rytmie, a kurz w powietrzu zdawał się tańczyć w takt ich oddechów. Gdy osiągnęli szczyt, Roman opadł na nią, dysząc, jego czoło pokryte potem. Mariola uśmiechnęła się lekko, wiedząc, że zdobyła go całego.

Spotkania w magazynie stały się rytuałem – dwa, czasem trzy razy w tygodniu, gdy szkoła pustoszała. Mariola eksperymentowała, testując granice jego oddania. Raz, w półmroku, pozwoliła mu uklęknąć przed sobą, jej dłonie splatały się w jego włosach, gdy jego usta wędrowały po jej skórze. Innym razem, na jego biurku, wśród notatek o mechanice, to ona przejęła inicjatywę, prowadząc jego dłonie tam, gdzie chciała, jej ruchy były pewne, niemal drapieżne. Każde spotkanie było dla niej triumfem, ale dla Romana – spiralą obsesji.

– Porzucę dla ciebie wszystko, Mariolu – żonę, dzieci, moje życie – szeptał, jego głos drżał od desperacji, gdy leżeli spleceni na zimnej podłodze magazynu, wśród rozrzuconych schematów obwodów.

Mariola, czując jego słabość, uśmiechała się, ale w głębi duszy wiedziała, że to tylko gra. Zdanie egzaminu z fizyki było pretekstem; prawdziwym celem było złamanie jego woli, przetestowanie, jak daleko może go popchnąć.

Napięcie w Romanie narastało jak bomba z opóźnionym zapłonem. Pisał do niej listy miłosne, które ukrywał przed żoną, błagał o wspólną przyszłość, obiecywał, że rzuci wszystko dla kilku chwil z nią. Mariola, widząc jego rozpad, czuła dreszcz satysfakcji, ale i cień niepokoju – czy poszła za daleko? Gdy nie wytrzymał presji, znalazł go woźny w jego gabinecie, z listem, w którym jej imię pojawiało się jak mantra. Roman odebrał sobie życie, nie mogąc unieść ciężaru swojej obsesji i zdrady wobec rodziny. Śmierć Romana nie poruszyła Marioli; odebrała ją jako mroczny dowód jej mistrzostwa w manipulacji.

– To był jego wybór – pomyślała, przeglądając nagłówki w lokalnej gazecie, jej oczy błyszczały chłodem, maskującym pustkę.

Dla niej był to kolejny krok w nauce władzy nad innymi, lekcja, którą później wykorzystywała w agencji, uwodząc podejrzanych i współpracowników z tą samą precyzją, z jaką kiedyś złamała Romana.

Relacja z nauczycielką historii, panią Ewą, zostawiła w Marioli głębszy ślad. Ewa, kobieta po czterdziestce, o smukłej sylwetce, z siwiejącymi pasmami w ciemnych włosach i melancholijnymi oczami, uczyła historii z pasją. Mariola wyczuła w niej jednak coś więcej – samotność, stłumione pragnienia, tęsknotę za czymś nienazwanym. Siedemnastoletnia Mariola dostrzegła szansę – nie tylko na zdanie egzaminu, ale na eksplorację własnej władzy i tożsamości. Zaczęło się niewinnie: rozmowy po lekcjach, pytania o rewolucję francuską, które szybko przerodziły się w długie spojrzenia i przypadkowe muśnięcia dłoni.

Ich pierwsza prawdziwa chwila wydarzyła się w szkolnej bibliotece, wśród zakurzonych tomów o powstaniach i imperiach. Mariola, ubrana w prostą białą bluzkę i spódnicę, która subtelnie podkreślała jej kształty, przysiadła blisko Ewy, pomagając segregować stare dokumenty. Powietrze było ciężkie od zapachu książek i narastającego napięcia.

– Pani Ewo, dlaczego nigdy nie mówi pani o sobie? – zapytała Mariola, jej głos był miękki, ale oczy błyszczały ciekawością.

Ewa zamarła, jej dłonie zadrżały na pożółkłej kartce.

– Nie ma o czym mówić – odpowiedziała cicho, choć jej spojrzenie zdradzało coś innego.

Mariola, wyczuwając wahanie, pochyliła się bliżej, jej palce musnęły dłoń Ewy.

– Każdy ma historię – szepnęła, jej oddech był ciepły, niemal intymny.

W tamtej chwili granica między nauczycielką a uczennicą rozmyła się. Ich usta spotkały się w cichym, zakazanym pocałunku, a biblioteka, z jej ciszą i cieniami, stała się świadkiem ich tajemnicy.

Relacja rozkwitła w ukryciu. Spotykały się po lekcjach, w pustych salach, bibliotece, czasem w mieszkaniu Ewy na obrzeżach miasta. Ewa była delikatna, ostrożna, jakby bała się, że każdy dotyk może ją zniszczyć. Mariola była jej przeciwieństwem – pewna siebie, dzika, prowadząca każdy gest z precyzją, jakby była myśliwym, a Ewa zwierzyną. Dla Marioli był to kolejny sposób na kontrolę, na udowodnienie sobie, że może zdobyć każdego. Ale w ramionach Ewy czuła coś więcej – poczucie bycia widzianą, nie tylko jako ciało, lecz jako osoba. Na chwilę zapominała o bólu z przeszłości, o traumie, która wciąż ją prześladowała.

Ewa zakochała się w Marioli. Dla niej ta relacja była ucieczką od pustki życia, od małżeństwa bez miłości, od lat tłumienia własnej tożsamości.

– Jesteś jak płomień, Mariolu. Spalam się dla ciebie – szeptała, jej głos drżał od emocji.

Te słowa budziły w Marioli sprzeczne uczucia – triumf mieszał się z poczuciem winy. Wiedziała, że dla niej to gra, ale dla Ewy coś prawdziwego. Gdy nadszedł czas egzaminu z historii, Mariola zdała go bez trudu – nie dzięki nauce, lecz dlatego, że Ewa poprawiła jej odpowiedzi, patrząc na nią z bólem i nadzieją.

Koniec ich relacji był nieunikniony.

– Muszę iść dalej, Ewo – powiedziała Mariola pewnego wieczoru, stojąc w progu jej mieszkania.

Ewa, ze łzami w oczach, błagała ją, by została.

– Nie rozumiesz? Kocham cię. Jesteś wszystkim, czego nigdy nie miałam.

Mariola poczuła ukłucie w sercu, ale odwróciła się i wyszła, zostawiając Ewę z jej smutkiem, książkami i złamanym sercem. Ten moment stał się dla Marioli kolejną blizną – dowodem, że może zdobyć każdego, ale za cenę pozostawiania ruin.

Ta relacja ukształtowała Mariolę bardziej, niż chciała przyznać. Nauczyła ją, że może używać nie tylko ciała, lecz także emocji innych jako narzędzia. W agencji wykorzystywała tę lekcję mistrzowsko, balansując na krawędzi moralności. Ale czasem, w cichych chwilach, gdy patrzyła w lustro, widziała oczy Ewy – i czuła cenę, której nie potrafiła nazwać.

Seks stał się dla Marioli narkotykiem. Po traumie z ojczymem odkryła, że może używać swojego ciała jako broni, tarczy i języka. Każde spotkanie, każdy dotyk był aktem kontroli, choć w głębi duszy czuła pustkę. Jej dzikość w łóżku była krzykiem przeciwko światu, który ją skrzywdził. W agencji wykorzystywała to mistrzowsko, uwodząc podejrzanych i współpracowników z precyzją, która budziła podziw i lęk.

Kawalerka na Chmielnej była azylem, gdzie czas zdawał się zawieszony. Pokój skąpany w pomarańczowym świetle lampki rzucał cienie na plakaty „Casablanki" i „Ojca chrzestnego", które patrzyły jak strażnicy tajemnic. Powietrze pachniało winem, wilgotną skórą Marioli i namiętnością, która paliła mnie od środka. Wolny blues sączył się w tle, saksofon wił się jak dym z jej papierosa. Każdy oddech, każdy ruch budował napięcie, jakby świat miał się rozpaść.

Stałem nad łóżkiem, patrząc na Mariolę. Jej alabastrowa skóra lśniła, ciało falowało w rytmie, który budził we mnie pożądanie i lęk. Jej oczy, błyszczące głodem, widziały przeze mnie. Moje dłonie drżały, nie tylko od namiętności, ale od świadomości, że stoję na krawędzi.

– Janusz… dotykaj mnie… wszędzie… – wyszeptała, jej głos drżał od rozkoszy.

Jej słowa rozpalały mnie, ale budziły też niepokój.

– Mariola… jesteś moim ogniem… – mruknąłem, moje dłonie wędrowały po jej ciele, budząc dreszcze. – Twoja skóra... jak aksamit... kocham cię... tak bardzo, że boli.

Jej krzyk rozkoszy rozdarł powietrze, a ja zastanawiałem się, czy to jej głos, czy echo mojego pragnienia. Nasze ciała splotły się w rytmicznym tańcu, ale w głębi duszy pytałem: czy to niebo, czy iluzja? Gdy opadłem obok niej, dysząc, wiedziałem, że ten ogień może mnie spopielić.

– Kocham cię... mimo wszystko – wyszeptałem.

Mariola wtuliła się we mnie, jej ciało drżało.
– Ja ciebie też... na zawsze – szepnęła cicho, ale pewnie.

Leżeliśmy spleceni, ale w głębi duszy wiedziałem, że ten żar może nas zniszczyć, jeśli nie znajdę odwagi, by być sobą – nie agentem, lecz Januszem.

Podczas śniadania Mariola wspomniała, że szuka pracy. Jej głos drżał nadzieją, budząc we mnie determinację.

– Jakie masz wykształcenie? – zapytałem.

– Średnie – odpowiedziała. To za mało na wyższe stanowisko w agencji, ale wystarczająco na pracę informatora.

– Przedstawię cię mojemu szefowi. Może coś ci załatwi. Chcesz spróbować? – zapytałem, czując narastające napięcie.

– Wspaniale, chcę spróbować, dzięki – odparła z entuzjazmem, nachylając się nad stołem i składając pocałunek na moim policzku. Ten gest rozpalał jak obietnica.

Śniadanie zakończyło się kolejnym pocałunkiem i namiętnością na blacie kuchni. Wyszedłem do agencji w euforii, przekonany, że dobrze wykonałem swoją „robotę" i z celem pomocy Marioli. Duma rozpalała, ale strach o przyszłość dręczył.

Dwa tygodnie później przedstawiłem Mariolę mojemu szefowi, Piotrowi Karolakowi. Zrobiła na nim piorunujące wrażenie – napięcie w pokoju gęstniało, widząc jego błyszczące oczy. Zadał jej kilka pytań i wysłał do działu kadr, by zweryfikować jej tożsamość i przeszłość. To trwało cztery tygodnie, pełne niepokoju i oczekiwania. W tym czasie Mariola mieszkała w mojej kawalerce, a ja odwiedzałem ją niemal codziennie – każda wizyta płonęła namiętnością. Mariola wiedziała, jak zaspokoić najskrytsze pragnienia mężczyzny, co budziło podziw zmieszany z zazdrością. Jej wrodzony talent do uwodzenia, niczym u muzyka czy sportowca, był zarówno fascynujący, jak i niepokojący.

Mariola przeszła wszystkie testy i została zatrudniona jako informator. W agencji żadna kobieta nie dorównywała jej urokowi – jej dominacja budziła zazdrość. Był w niej magnetyzm, który przyciągał mężczyzn, czyniąc ich bezbronnymi. Wybrała jednak kolejną „ofiarę" – naszego szefa, Piotra Karolaka. To napełniało mnie goryczą zdrady.

Jeśli o mnie chodzi, należę do mężczyzn, którzy lubią się bawić, czasem romantycznych, ale nieumiejących utrzymać zainteresowania jedną kobietą przez dłuższy czas. Ta samoocena męczyła jak wyrzut sumienia. Potrzebowałem nowych bodźców, potwierdzenia swoich osiągnięć. Nie chciałem afiszować się z Mariolą, więc nasze relacje stopniowo stawały się służbowe, oparte na jej wdzięczności za pomoc w znalezieniu pracy. Ulga mieszała się z żalem utraty.

Karolak dostrzegł w Marioli jej magię i chciał ją zdobyć. Zatrudnił ją jako podsekretarkę, choć nie miała umiejętności biurowych – jej braki irytowały, ale pożądanie przesłaniało wszystko. Sześćdziesięciopięcioletni Karolak, z żółtawą cerą, okrągłą głową i muskularną sylwetką, szukał w niej nowych emocji. Jego spokojny temperament i chęć pomagania ludziom kontrastowały z jego słabością do Marioli, co budziło we mnie smutek.

Karolak niedawno rozwiódł się po trzydziestu ośmiu latach małżeństwa, a jego nowa żona, Ewa Moczulska, nie mogła znieść atmosfery w gabinecie, gdzie mąż otwarcie flirtował z Mariolą. Poprosiła o przeniesienie na inne stanowisko, zostawiając Mariolę blisko Karolaka. On zabierał ją na obiady, a potem do mojej kawalerki, by konsumować ich romans – ta świadomość raniła jak sztylet, profanując moje miejsce. Karolak był w ogniu namiętności, choć wiedział, że romans może kosztować go karierę. Mariola dawała mu poczucie życia, którego brakowało mu po rozwodzie, a jego nowa żona nie mogła tej luki wypełnić.

Mariola lubiła silnych mężczyzn na wysokich stanowiskach – władza była dla niej afrodyzjakiem. Była kochanką, dla której pasja i intymność były atutami, ale unikała długotrwałych zobowiązań. Gdy partnerzy się do niej przyzwyczajali, szukała nowych, by potwierdzić swoją dominację. Pewnego dnia Karolaka odwiedził jego szef, minister Bogdanowicz, i natychmiast zawiesił wzrok na Marioli. Wyczuł w niej niezależność i wolność, co zepchnęło go na drogę zdrady.

Minister, z zielonkawą cerą, wydłużoną twarzą i szerokimi ramionami, był dobrze zorganizowanym, logicznym człowiekiem, który lubił działanie i przygodę. Mariola zagotowała jego krew, spychając logikę na drugi plan. Podczas lunchu zwrócił się do niej:

– Pani Mariolo, chodźmy na lunch. Nie lubię jadać samotnie, zapraszam – powiedział, jego głos drżał podnieceniem.

– Oczywiście, jeśli szef pozwoli – odparła, spoglądając na Karolaka z uśmiechem manipulacji.

Karolak, zaskoczony, zgodził się, choć jego głos się łamał.

– Oczywiście, pani Mariolo, jest pani wolna. Proszę wrócić po lunchu.

– Dziękuję, Piotr, zapamiętam to – rzucił minister z ironicznym uśmiechem.

Mariola opowiedziała mi o trzech spotkaniach z Karolakiem, choć jej relacja brzmiała jak z erotycznej powieści, budząc wątpliwości co do jej prawdziwości.

W półmroku gabinetu na najwyższym piętrze ABW, gdzie zapach starej skóry mieszał się z napięciem, Piotr Karolak, siwy mężczyzna po pięćdziesiątce, patrzył na Mariolę jak na trofeum. Ona, w obcisłej sukience podkreślającej krągłości, stała przed nim z pewnością siebie. Karolak, z głosem chropowatym od cygar, podszedł bliżej.

– Chcesz tę pracę? – zapytał, chwytając ją za podbródek.

Mariola nie cofnęła się. Jej dłoń powędrowała do jego pasa, rozpinając guzik z prowokacyjną śmiałością.

– Chcę więcej niż pracę – syknęła, jej oczy błyszczały wyzwaniem.

Nie było miejsca na subtelności. Karolak pchnął ją na biurko, papiery posypały się na podłogę. Jej sukienka została rozerwana, odsłaniając koronkową bieliznę, którą zdarł jednym ruchem. Mariola owinęła nogi wokół jego pasa, jej paznokcie wbiły się w jego plecy. Ich ciała poruszały się w gorączkowym rytmie, biurko trzeszczało pod ich ciężarem. Ona prowadziła, jej biodra dyktowały tempo, a on poddawał się jej woli.

– Mocniej, dyrektorze! – zażądała, jej głos był pełen triumfu.

Karolak, z potem spływającym po czole, przyspieszył, jego ręce ściskały jej ciało z desperacją. Gdy osiągnęli szczyt, ich oddechy mieszały się w chaosie namiętności. Upadli na siebie, dysząc, ale ich oczy wciąż płonęły – to był początek ich gry.

– Witaj w zespole, Mariolo – mruknął Karolak z uśmieszkiem, podnosząc długopis z podłogi.

Ona, wciąż drżąca, skinęła głową, gotowa na więcej.

Mariola opisała ich kolejne spotkanie z brutalną precyzją, jakby chciała, by każdy szczegół wrył się w pamięć. W podziemiach ABW, w sali przesłuchań, gdzie wilgotne ściany pachniały rdzą i strachem, Piotr Karolak, siwy mężczyzna po pięćdziesiątce z bliznami na twarzy i barku, wezwał ją pod pretekstem „sprawy specjalnej". Mariola weszła jak huragan, dwudziestokilkulatka o ciele naznaczonym śladami ich wcześniejszych starć – siniaki na udach, zadrapania na piersiach

– ubrana w czarny kombinezon służbowy, który opinał jej ciało jak druga skóra. Powietrze było ciężkie od zapachu metalu i napięcia. Na środku stał stół z kajdanami, obok – stojak z narzędziami: pejcze, noże, elektrody – arsenał ich prywatnej gry.

– Gotowa na debriefing, Mariolo? – warknął Karolak, jego głos jak zgrzyt noża po kamieniu, zamykając ciężkie drzwi z hukiem, który odbił się echem w pomieszczeniu.

Rzucił się na nią bez ostrzeżenia, chwytając za włosy i przyciskając jej twarz do stołu. Metal zadzwonił, gdy jej ciało naparło na blat, a krew z rozciętego nosa spłynęła na stół jak szkarłatna smuga. Mariola nie wydała dźwięku – splunęła w jego twarz, jej oczy błyszczały wyzwaniem. Jej kolano wbiło się w jego krocze z precyzją, wyrywając z niego zduszony ryk bólu.Spotkania w magazynie stały się rytuałem – dwa, czasem trzy razy w tygodniu, gdy szkoła pustoszała. Mariola eksperymentowała, testując granice jego oddania. Raz, w półmroku, pozwoliła mu uklęknąć przed sobą, jej dłonie splatały się w jego włosach, gdy jego usta wędrowały po jej skórze. Innym razem, na jego biurku, wśród notatek o mechanice, to ona przejęła inicjatywę, prowadząc jego dłonie tam, gdzie chciała, jej ruchy były pewne, niemal drapieżne. Każde spotkanie było dla niej triumfem, ale dla Romana – spiralą obsesji.

– Porzucę dla ciebie wszystko, Mariolu – żonę, dzieci, moje życie – szeptał, jego głos drżał od desperacji, gdy leżeli spleceni na zimnej podłodze magazynu, wśród rozrzuconych schematów obwodów.

Mariola, czując jego słabość, uśmiechała się, ale w głębi duszy wiedziała, że to tylko gra. Zdanie egzaminu z fizyki było pretekstem; prawdziwym celem było złamanie jego woli, przetestowanie, jak daleko może go popchnąć.

Napięcie w Romanie narastało jak bomba z opóźnionym zapłonem. Pisał do niej listy miłosne, które ukrywał przed żoną, błagał o wspólną przyszłość, obiecywał, że rzuci wszystko dla kilku chwil z nią. Mariola, widząc jego rozpad, czuła dreszcz satysfakcji, ale i cień niepokoju – czy poszła za daleko? Gdy nie wytrzymał presji, znalazł go woźny w jego gabinecie, z listem, w którym jej imię pojawiało się jak mantra. Roman odebrał sobie życie, nie mogąc unieść ciężaru swojej obsesji i zdrady wobec rodziny. Śmierć Romana nie poruszyła Marioli; odebrała ją jako mroczny dowód jej mistrzostwa w manipulacji.

– To był jego wybór – pomyślała, przeglądając nagłówki w lokalnej gazecie, jej oczy błyszczały chłodem, maskującym pustkę.

Dla niej był to kolejny krok w nauce władzy nad innymi, lekcja, którą później wykorzystywała w agencji, uwodząc podejrzanych i współpracowników z tą samą precyzją, z jaką kiedyś złamała Romana.

Relacja z nauczycielką historii, panią Ewą, zostawiła w Marioli głębszy ślad. Ewa, kobieta po czterdziestce, o smukłej sylwetce, z siwiejącymi pasmami w ciemnych włosach i melancholijnymi oczami, uczyła historii z pasją. Mariola wyczuła w niej jednak coś więcej – samotność, stłumione pragnienia, tęsknotę za czymś nienazwanym. Siedemnastoletnia Mariola dostrzegła szansę – nie tylko na zdanie egzaminu, ale na eksplorację własnej władzy i tożsamości. Zaczęło się niewinnie: rozmowy po lekcjach, pytania o rewolucję francuską, które szybko przerodziły się w długie spojrzenia i przypadkowe muśnięcia dłoni.

Ich pierwsza prawdziwa chwila wydarzyła się w szkolnej bibliotece, wśród zakurzonych tomów o powstaniach i imperiach. Mariola, ubrana w prostą białą bluzkę i spódnicę, która subtelnie podkreślała jej kształty, przysiadła blisko Ewy, pomagając segregować stare dokumenty. Powietrze było ciężkie od zapachu książek i narastającego napięcia.

– Pani Ewo, dlaczego nigdy nie mówi pani o sobie? – zapytała Mariola, jej głos był miękki, ale oczy błyszczały ciekawością.

Ewa zamarła, jej dłonie zadrżały na pożółkłej kartce.

– Nie ma o czym mówić – odpowiedziała cicho, choć jej spojrzenie zdradzało coś innego.

Mariola, wyczuwając wahanie, pochyliła się bliżej, jej palce musnęły dłoń Ewy.

– Każdy ma historię – szepnęła, jej oddech był ciepły, niemal intymny.

W tamtej chwili granica między nauczycielką a uczennicą rozmyła się. Ich usta spotkały się w cichym, zakazanym pocałunku, a biblioteka, z jej ciszą i cieniami, stała się świadkiem ich tajemnicy.

Relacja rozkwitła w ukryciu. Spotykały się po lekcjach, w pustych salach, bibliotece, czasem w mieszkaniu Ewy na obrzeżach miasta. Ewa była delikatna, ostrożna, jakby bała się, że każdy dotyk może ją zniszczyć. Mariola była jej przeciwieństwem – pewna siebie, dzika, prowadząca każdy gest z precyzją, jakby była myśliwym, a Ewa zwierzyną. Dla Marioli był to kolejny sposób na kontrolę, na udowodnienie sobie, że może zdobyć każdego. Ale w ramionach Ewy czuła coś więcej – poczucie bycia widzianą, nie tylko jako ciało, lecz jako osoba. Na chwilę zapominała o bólu z przeszłości, o traumie, która wciąż ją prześladowała.

Ewa zakochała się w Marioli. Dla niej ta relacja była ucieczką od pustki życia, od małżeństwa bez miłości, od lat tłumienia własnej tożsamości.

– Jesteś jak płomień, Mariolu. Spalam się dla ciebie – szeptała, jej głos drżał od emocji.

Te słowa budziły w Marioli sprzeczne uczucia – triumf mieszał się z poczuciem winy. Wiedziała, że dla niej to gra, ale dla Ewy coś prawdziwego. Gdy nadszedł czas egzaminu z historii, Mariola zdała go bez trudu – nie dzięki nauce, lecz dlatego, że Ewa poprawiła jej odpowiedzi, patrząc na nią z bólem i nadzieją.

Koniec ich relacji był nieunikniony.

– Muszę iść dalej, Ewo – powiedziała Mariola pewnego wieczoru, stojąc w progu jej mieszkania.

Ewa, ze łzami w oczach, błagała ją, by została.

– Nie rozumiesz? Kocham cię. Jesteś wszystkim, czego nigdy nie miałam.

Mariola poczuła ukłucie w sercu, ale odwróciła się i wyszła, zostawiając Ewę z jej smutkiem, książkami i złamanym sercem. Ten moment stał się dla Marioli kolejną blizną – dowodem, że może zdobyć każdego, ale za cenę pozostawiania ruin.

Ta relacja ukształtowała Mariolę bardziej, niż chciała przyznać. Nauczyła ją, że może używać nie tylko ciała, lecz także emocji innych jako narzędzia. W agencji wykorzystywała tę lekcję mistrzowsko, balansując na krawędzi moralności. Ale czasem, w cichych chwilach, gdy patrzyła w lustro, widziała oczy Ewy – i czuła cenę, której nie potrafiła nazwać.

Seks stał się dla Marioli narkotykiem. Po traumie z ojczymem odkryła, że może używać swojego ciała jako broni, tarczy i języka. Każde spotkanie, każdy dotyk był aktem kontroli, choć w głębi duszy czuła pustkę. Jej dzikość w łóżku była krzykiem przeciwko światu, który ją skrzywdził. W agencji wykorzystywała to mistrzowsko, uwodząc podejrzanych i współpracowników z precyzją, która budziła podziw i lęk.

Kawalerka na Chmielnej była azylem, gdzie czas zdawał się zawieszony. Pokój skąpany w pomarańczowym świetle lampki rzucał cienie na plakaty „Casablanki" i „Ojca chrzestnego", które patrzyły jak strażnicy tajemnic. Powietrze pachniało winem, wilgotną skórą Marioli i namiętnością, która paliła mnie od środka. Wolny blues sączył się w tle, saksofon wił się jak dym z jej papierosa. Każdy oddech, każdy ruch budował napięcie, jakby świat miał się rozpaść.

Stałem nad łóżkiem, patrząc na Mariolę. Jej alabastrowa skóra lśniła, ciało falowało w rytmie, który budził we mnie pożądanie i lęk. Jej oczy, błyszczące głodem, widziały przeze mnie. Moje dłonie drżały, nie tylko od namiętności, ale od świadomości, że stoję na krawędzi.

– Janusz... dotykaj mnie... wszędzie... – wyszeptała, jej głos drżał od rozkoszy.

Jej słowa rozpalały mnie, ale budziły też niepokój.

– Mariola... jesteś moim ogniem... – mruknąłem, moje dłonie wędrowały po jej ciele, budząc dreszcze. – Twoja skóra... jak aksamit... kocham cię... tak bardzo, że boli.

Jej krzyk rozkoszy rozdarł powietrze, a ja zastanawiałem się, czy to jej głos, czy echo mojego pragnienia. Nasze ciała splotły się w rytmicznym tańcu, ale w głębi duszy pytałem: czy to niebo, czy iluzja? Gdy opadłem obok niej, dysząc, wiedziałem, że ten ogień może mnie spopielić.

– Kocham cię… mimo wszystko – wyszeptałem.

Mariola wtuliła się we mnie, jej ciało drżało.

– Ja ciebie też… na zawsze – szepnęła cicho, ale pewnie.

Leżeliśmy spleceni, ale w głębi duszy wiedziałem, że ten żar może nas zniszczyć, jeśli nie znajdę odwagi, by być sobą – nie agentem, lecz Januszem.

Podczas śniadania Mariola wspomniała, że szuka pracy. Jej głos drżał nadzieją, budząc we mnie determinację.

– Jakie masz wykształcenie? – zapytałem.

– Średnie – odpowiedziała. To za mało na wyższe stanowisko w agencji, ale wystarczająco na pracę informatora.

– Przedstawię cię mojemu szefowi. Może coś ci załatwi. Chcesz spróbować? – zapytałem, czując narastające napięcie.

– Wspaniale, chcę spróbować, dzięki – odparła z entuzjazmem, nachylając się nad stołem i składając pocałunek na moim policzku. Ten gest rozpalał jak obietnica.

Śniadanie zakończyło się kolejnym pocałunkiem i namiętnością na blacie kuchni. Wyszedłem do agencji w euforii, przekonany, że dobrze wykonałem swoją „robotę" i z celem pomocy

Marioli. Duma rozpalała, ale strach o przyszłość dręczył.

Dwa tygodnie później przedstawiłem Mariolę mojemu szefowi, Piotrowi Karolakowi. Zrobiła na nim piorunujące wrażenie – napięcie w pokoju gęstniało, widząc jego błyszczące oczy. Zadał jej kilka pytań i wysłał do działu kadr, by zweryfikować jej tożsamość i przeszłość. To trwało cztery tygodnie, pełne niepokoju i oczekiwania. W tym czasie Mariola mieszkała w mojej kawalerce, a ja odwiedzałem ją niemal codziennie – każda wizyta płonęła namiętnością. Mariola wiedziała, jak zaspokoić najskrytsze pragnienia mężczyzny, co budziło podziw zmieszany z zazdrością. Jej wrodzony talent do uwodzenia, niczym u muzyka czy sportowca, był zarówno fascynujący, jak i niepokojący.

Mariola przeszła wszystkie testy i została zatrudniona jako informator. W agencji żadna kobieta nie dorównywała jej urokowi – jej dominacja budziła zazdrość. Był w niej magnetyzm, który przyciągał mężczyzn, czyniąc ich bezbronnymi. Wybrała jednak kolejną „ofiarę" – naszego szefa, Piotra Karolaka. To napełniało mnie goryczą zdrady.

Jeśli o mnie chodzi, należę do mężczyzn, którzy lubią się bawić, czasem romantycznych, ale nieumiejących utrzymać zainteresowania jedną kobietą przez dłuższy czas. Ta samoocena męczyła jak wyrzut sumienia. Potrzebowałem nowych bodźców, potwierdzenia swoich osiągnięć. Nie chciałem afiszować się z Mariolą, więc nasze relacje stopniowo stawały się służbowe, oparte na jej wdzięczności za pomoc w znalezieniu pracy. Ulga mieszała się z żalem utraty.

Karolak dostrzegł w Marioli jej magię i chciał ją zdobyć. Zatrudnił ją jako podsekretarkę, choć nie miała umiejętności biurowych – jej braki irytowały, ale pożądanie przesłaniało wszystko. Sześćdziesięciopięcioletni Karolak, z żółtawą cerą, okrągłą głową i muskularną sylwetką, szukał w niej nowych emocji. Jego spokojny temperament i chęć pomagania ludziom kontrastowały z jego słabością do Marioli, co budziło we mnie smutek.

Karolak niedawno rozwiódł się po trzydziestu ośmiu latach małżeństwa, a jego nowa żona, Ewa Moczulska, nie mogła znieść atmosfery w gabinecie, gdzie mąż otwarcie flirtował z Mariolą. Poprosiła o przeniesienie na inne stanowisko, zostawiając Mariolę blisko Karolaka. On zabierał ją na obiady, a potem do mojej kawalerki, by konsumować ich romans – ta świadomość raniła jak sztylet, profanując moje miejsce. Karolak był w ogniu namiętności, choć wiedział, że romans może kosztować go karierę. Mariola dawała mu poczucie życia, którego brakowało mu po rozwodzie, a jego nowa żona nie mogła tej luki wypełnić.

Mariola lubiła silnych mężczyzn na wysokich stanowiskach – władza była dla niej afrodyzjakiem. Była kochanką, dla której pasja i intymność były atutami, ale unikała długotrwałych zobowiązań. Gdy partnerzy się do niej przyzwyczajali, szukała nowych, by potwierdzić swoją dominację. Pewnego dnia Karolaka odwiedził jego szef, minister Bogdanowicz, i natychmiast zawiesił wzrok na

Marioli. Wyczuł w niej niezależność i wolność, co zepchnęło go na drogę zdrady.

Minister, z zielonkawą cerą, wydłużoną twarzą i szerokimi ramionami, był dobrze zorganizowanym, logicznym człowiekiem, który lubił działanie i przygodę. Mariola zagotowała jego krew, spychając logikę na drugi plan. Podczas lunchu zwrócił się do niej:

– Pani Mariolo, chodźmy na lunch. Nie lubię jadać samotnie, zapraszam – powiedział, jego głos drżał podnieceniem.

– Oczywiście, jeśli szef pozwoli – odparła, spoglądając na Karolaka z uśmiechem manipulacji.

Karolak, zaskoczony, zgodził się, choć jego głos się łamał.

– Oczywiście, pani Mariolo, jest pani wolna. Proszę wrócić po lunchu.

– Dziękuję, Piotr, zapamiętam to – rzucił minister z ironicznym uśmiechem.

Mariola opowiedziała mi o trzech spotkaniach z Karolakiem, choć jej relacja brzmiała jak z erotycznej powieści, budząc wątpliwości co do jej prawdziwości.

W półmroku gabinetu na najwyższym piętrze ABW, gdzie zapach starej skóry mieszał się z napięciem, Piotr Karolak, siwy mężczyzna po pięćdziesiątce, patrzył na Mariolę jak na trofeum. Ona, w obcisłej sukience podkreślającej krągłości, stała przed nim z pewnością siebie. Karolak, z głosem chropowatym od cygar, podszedł bliżej.

– Chcesz tę pracę? – zapytał, chwytając ją za podbródek.

Mariola nie cofnęła się. Jej dłoń powędrowała do jego pasa, rozpinając guzik z prowokacyjną śmiałością.

– Chcę więcej niż pracę – syknęła, jej oczy błyszczały wyzwaniem.

Nie było miejsca na subtelności. Karolak pchnął ją na biurko, papiery posypały się na podłogę. Jej sukienka została rozerwana, odsłaniając koronkową bieliznę, którą zdarł jednym ruchem. Mariola owinęła nogi wokół jego pasa, jej paznokcie wbiły się w jego plecy. Ich ciała poruszały się w gorączkowym rytmie, biurko trzeszczało pod ich ciężarem. Ona prowadziła, jej biodra dyktowały tempo, a on poddawał się jej woli.

– Mocniej, dyrektorze! – zażądała, jej głos był pełen triumfu.

Karolak, z potem spływającym po czole, przyspieszył, jego ręce ściskały jej ciało z desperacją. Gdy osiągnęli szczyt, ich oddechy mieszały się w chaosie namiętności. Upadli na siebie, dysząc, ale ich oczy wciąż płonęły – to był początek ich gry.

– Witaj w zespole, Mariolo – mruknął Karolak z uśmieszkiem, podnosząc długopis z podłogi.

Ona, wciąż drżąca, skinęła głową, gotowa na więcej.

Mariola opisała ich kolejne spotkanie z brutalną precyzją, jakby chciała, by każdy szczegół wrył się w pamięć. W podziemiach ABW, w sali przesłuchań, gdzie wilgotne ściany pachniały rdzą i strachem, Piotr Karolak, siwy mężczyzna po pięćdziesiątce z bliznami na twarzy i barku, wezwał ją pod pretekstem „sprawy specjalnej". Mariola weszła jak huragan, dwudziestokilkulatka o ciele naznaczonym śladami ich wcześniejszych starć – siniaki na udach, zadrapania na piersiach – ubrana w czarny kombinezon służbowy, który opinał jej ciało jak druga skóra. Powietrze było ciężkie od zapachu metalu i napięcia. Na środku stał stół z kajdanami, obok – stojak z narzędziami: pejcze, noże, elektrody – arsenał ich prywatnej gry.

– Gotowa na debriefing, Mariolo? – warknął Karolak, jego głos jak zgrzyt noża po kamieniu, zamykając ciężkie drzwi z hukiem, który odbił się echem w pomieszczeniu.

Rzucił się na nią bez ostrzeżenia, chwytając za włosy i przyciskając jej twarz do stołu. Metal zadzwonił, gdy jej ciało naparło na blat, a krew z rozciętego nosa spłynęła na stół jak szkarłatna smuga. Mariola nie wydała dźwięku – splunęła w jego twarz, jej oczy błyszczały wyzwaniem. Jej kolano wbiło się w jego krocze z precyzją, wyrywając z niego zduszony ryk bólu.

– Debriefing? Rozpruj mnie, jeśli masz odwagę – syknęła, jej dłonie szarpały jego pasek, odsłaniając stare blizny na jego brzuchu, które natychmiast zacięła paznokciami, znacząc je krwią.

To nie był akt miłości – to była walka, przerywana jedynie oddechami. Karolak przewrócił ją na stół, kajdany zatrzasnęły się na jej nadgarstkach, rozciągając ramiona do granic bólu. Zdarł jej kombinezon nożem z elektrycznym uchwytem, tnąc nie tylko materiał, ale i skórę – płytkie nacięcia sączyły krew, która mieszała się z potem. Prąd z ostrza wstrząsnął jej ciałem, a ona wygięła się w łuk, jej oddech urywany, oczy płonące buntem.

– Będziesz błagać o łaskę – warknął, jego palce wnikały w ranę na jej brzuchu, rozciągając skórę z brutalną fascynacją.

Mariola odpowiedziała wyzywającym uśmiechem. – Wbij we mnie coś więcej niż słowa, dyrektorze – rzuciła, jej biodra uniosły się prowokująco, jakby rzucała mu rękawicę.

Karolak nie czekał. Rozpiął spodnie, jego ruchy były gwałtowne, niemal desperackie, gdy wnikał w nią z siłą, która wstrząsnęła stołem. Jej nogi oplotły go, kolce kajdan wbijały się w jego uda, rozcinając skórę. Ich ruchy były jak pojedynek – szybkie, nieubłagane, każde pchnięcie jak cios. Gryzł jej ramię, jego zęby zostawiały ślady, a ręką chwycił pejcz, smagając jej uda, aż skóra pękała w krwawych pręgach.

– Krzycz, Mariolo – warczał, jego głos drżał od furii i pożądania.

Ona nie błagała. Jej zęby wbiły się w jego ramię, rozrywając skórę, krew spłynęła po jej ustach jak wino. Kopnęła go w bok, czując chrupnięcie żebra, a potem owinęła nogę wokół jego szyi, dusząc go kolanem. Złapała elektrodę z podłogi, wbijając ją w jego pierś – prąd wstrząsnął jego ciałem, ale nie zatrzymał go. Ich walka osiągnęła punkt kulminacyjny w chaosie bólu i ekstazy, gdy jej ciało zacisnęło się wokół niego, wyrywając z nich obojga krzyk, który rozdarł ciszę. Upadli na podłogę, dysząc, poharatani, pokryci krwią i potem, jak dwa rozbite okręty po sztormie.

Karolak odpiął kajdany drżącą ręką, nóż wciąż tkwił w stole. Przyłożył ostrze do jej policzka, jego oczy błyszczały szaleństwem. – To twoja nowa misja, Mariolo. Przetrwaj mnie – wychrypiał.

Ona, dławiąc się krwią, wbiła zęby w jego palec, oblizując ostrze z uśmiechem. – Przetrwam, Karolak. Następnym razem to ja cię rozbiorę... na części.

Ich wojna trwała, głębsza niż lochy ABW, gotowa pochłonąć ich oboje. Czy to były tylko mroczne fantazje Marioli? Może. Ale w jej oczach błyszczała prawda, której nikt nie śmiał kwestionować.

Mariola i Bogdanowicz opuścili gabinet Karolaka, zostawiając go w ciszy pełnej bólu. Jego twarz, naznaczona cierpieniem, budziła we mnie współczucie. Nigdy nie widziałem go tak złamanego – Mariola była dla niego wszystkim, a jej odejście w ramiona nowego „rycerza" z dostojnej rodziny raniło jak zdrada. Karolak chciał zachować stanowisko, pracę swojego życia, ale tęsknota za nią paliła go od środka. Moje rozstanie z Mariolą było inne – cywilizowane, chłodne. Oboje uznaliśmy, że nasza relacja się wypaliła. Ja miałem Martę, Mariola miała

Karolaka, a wspomnienia, choć gorzkie, nie raniły tak mocno.

Bogdanowicz stał się nowym „panem" Marioli, co budziło we mnie zazdrość zmieszaną z ulgą. Dowiedziałem się, że minister miał sekretną kawalerkę, o której nikt nie wiedział – miejsce ich schadzek. Myśl o tym budziła niesmak. Bogdanowicz, choć lubił swoich współpracowników, dzielił się Mariolą z innymi w ministerstwie, jakby była trofeum. Te schadzki na poddaszu, gdzie Mariola „obsługiwała" urzędników, czasem kilku naraz, budziły we mnie mieszankę fascynacji i odrazy. Nazywano ją „Dziewczyną z poddasza" – ksywka, z której była dumna, choć dla mnie tchnęła cynizmem. Była we właściwym miejscu o właściwym czasie, ale ryzyko czaiło się w cieniu.

W gabinecie Karolaka omawialiśmy szczegóły zatrzymania Grigorija. Napięcie w pokoju gęstniało, serca biły strachem i determinacją. Mariola, z oczami błyszczącymi pewnością siebie, wyglądała jak kot, który ma zbyt wielu panów. Jej duma jako informatorki i „oblubienicy" wydziału budziła zazdrość, ale i niepokój. Znała sekrety niemal wszystkich, którzy mieli z nią kontakt – plotki, które szeptała swojej cichej koleżance, raniły jak zdrada zaufania.

Mariola odegrała kluczową rolę w wykryciu spisku na życie prezydenta. Razem z innym agentem udawali narzeczonych szukających pierścionka i obrączek w podsłuchiwanym sklepie jubilerskim. Każda wizyta niosła ryzyko dekonspiracji, ale jej intuicja była bezbłędna. Sprzedawca, obojętny i rozkojarzony, wzbudził jej podejrzenia – brak zaangażowania w sprzedaż biżuterii był dla nas sygnałem. Mariola osobiście zdobyła zgodę sędziego na podsłuch, uwodząc go wdziękiem i argumentami. Jej odwaga budziła podziw, choć męska słabość sędziego irytowała.

Karolak, omawiając operację, żądał pełnego zaangażowania. – Nie zepsujcie tego, bo pożałujecie – warknął, jego głos drżał od presji. Mariola uśmiechnęła się pod nosem, a na twarzy Karolaka pojawił się bolesny grymas. Tęsknił za nią, ale minister miał pierwszeństwo – jak w feudalnych czasach.

Największym problemem była niepewność, czy Grigorij działa sam. Myśl o wielu zamachowcach, jak w Dallas, budziła koszmary. Podsłuch w sklepie jubilerskim nie dał odpowiedzi, a czas uciekał – zamachowiec był w drodze do Warszawy. Nasza pierwsza próba udaremnienia zamachu powiodła się tylko częściowo. Zamach został powstrzymany, ale Grigorij uciekł, zdradzony przez rosyjskich szpiegów w naszych szeregach. Wściekłość i nieufność zalały agencję.

Oto poprawiona i stylistycznie ujednolicona wersja tekstu. Usunąłem powtórzenia (zwłaszcza fragmenty, które się dublowały), uprościłem zbyt barokowe metafory emocjonalne („parzyło", „dręczyło", „serce bolało" itd. pojawiały się co chwilę – zostawiłem je tylko tam, gdzie naprawdę dodają siły), wyrzuciłem kilka dłużyzn i zadbałem o spójność narracyjną oraz chronologiczną.

Tekst jest teraz bardziej zwarty, czyta się go płynniej, a jednocześnie zachowuje mroczny, szpiegowski klimat.

POPRAWIONY TEKST

Karolak przestawił priorytety – odtąd ścigaliśmy przede wszystkim szpiegów obcych mocarstw. Walka z prawdziwym złem budziła dumę, ale zdrada Anny i Karola, którzy przeniknęli do ABW, raniła jak sztylet w plecy. Ich małżeństwo było trucizną w naszych szeregach: on, zwerbowany przez Rosjan, przekazywał sekrety, ona była jego narzędziem. Orgie, w czasie których zdobywali informacje, budziły obrzydzenie.

Agencja infiltrowała agentów GRU i dawnego KGB. Używaliśmy kamer w skrzynkach elektrycznych, podsłuchów w samochodach. Każda nagrana rozmowa była triumfem, choć ryzyko dekonspiracji paraliżowało. Sztuczna inteligencja analizowała ruchy szpiegów, ale lęk przed błędem maszyny nie dawał spokoju. Prawo początkowo było łagodne – schwytanych wymieniano na naszych. Później zaostrzono kary do dożywocia. To przyniosło satysfakcję.

Karol i Anna, mimo perfekcji, zostali zdemaskowani po ucieczce rosyjskiego agenta, który ujawnił ich role w warszawskich kręgach. Od tamtej pory przyglądaliśmy się im uważnie. Napięcie rosło. Nie trwało długo – aresztowaliśmy ich, postawiliśmy zarzuty szpiegostwa. W tajnym procesie przyznali się do wszystkiego.

– Przyznajecie się? – pytał sędzia głosem twardym jak stal.

– Tak... – wymamrotała Anna, oczy pełne fałszywych łez. – Ale to było... dla miłości.

– Miłości do wroga! – warknął prokurator.

Rok więzienia i wymiana. Wrócili do Rosji, dwóch naszych szpiegów wróciło do Polski. Odebrano im obywatelstwo. Satysfakcja mieszała się z goryczą.

Podczas przesłuchań Karol cynicznie przyznał, że seks-imprezy były „pożyteczne" – dzięki nim poznawał pracowników służb, którzy byli stałymi bywalcami.

– Zdradzaliście kraj dla orgii? – pytałem, ledwo panując nad głosem.

– To była gra – uśmiechnął się krzywo. – A wy przegrywaliście.

Anna twierdziła, że „wszyscy chodzili, to i my chodziliśmy, żeby zobaczyć, jak to jest". Jej słowa brzmiały jak kpina.

3 maja Grigorij Gargaszwili planował zamach na prezydenta Romanowskiego. Informacja przyszła dwie godziny przed atakiem. Panika była

nieunikniona. Karolak postawił w stan gotowości jednostki kontrterrorystyczne, rozstawił je po Warszawie tak, by nie wzbudzić chaosu. Nie wiedzieliśmy, czy Grigorij jest sam, ilu ma wspólników, czym jest uzbrojony. Wiedzieliśmy tylko markę samochodu i trasę.

Śledziliśmy go Aleją Krakowską. Gdy zablokowaliśmy pojazd, okazało się, że to fałszywy alarm – w środku siedziała starsza kobieta z sześcioletnią wnuczką. Wściekłość Karolaka była jak pożar. Spokój Anny i Karola budził podejrzenia.

Prezydent wszedł na podium. Cztery strzały przerwały ciszę. Krew spłynęła z jego ucha. Agenci osłonili Romanowskiego, ale jedna z nich, młoda kobieta, padła martwa. Tłum spanikował. Helikopter ABW runął w płomieniach –

zamachowcy strzelali z dachów. Karolak, w szoku, wydał rozkaz wysłania kolejnych maszyn. Rozpacz szefa była niemal namacalna.

Po wszystkim zamknął się w gabinecie i topił żal w śliwowicy. Anna wślizgnęła się do środka. Luźna sukienka opadła na podłogę. Ich spotkanie było gwałtowne – ból mieszał się z namiętnością. Gdy emocje opadły, zniknęła, zostawiając go w ciszy samotności.

Tej nocy dręczyły mnie koszmary. Śniła mi się dziecięca gilotyna-zabawka, którą moje siostry z demonicznymi uśmiechami używały do egzekucji figurek. Krew lała się strumieniami. Gdy przyszła kolej na mnie, obudziłem się zlany potem obok zatroskanej Marty.

Największym zagrożeniem dla agentów były psy. W willi ambasadora Gruzji zaprzyjaźniliśmy się z brytanem, kusząc go wątróbką – dźwiękoszczelna klatka pozwoliła zainstalować podsłuchy. Innym razem gaśnica odstraszyła psa i uratowała misję.

Anna była centrum orgii w luksusowym apartamencie na poddaszu ambasady. Jej ciało, błyszczące w świetle żyrandola, było bronią. Rosjanin, Francuz, Niemiec, Włoch – każdy myślał, że ją zdobywa, ale to ona wyciągała sekrety. Jej krzyk ekstazy rozdarł ciszę, lecz potem zostawała tylko pustka i raporty, które układała w głowie.

Rola GRU w rekrutacji Georgija Gargaszwilego była precyzyjna i wielowarstwowa. Najpierw identyfikacja: sieć dawnych kolaborantów obserwowała weteranów z ranami emocjonalnymi.

– Zdradziła cię Gruzja, NATO, nawet Bóg. Rosja da ci siłę, by się zemścić – szeptał rekruter.

Wykorzystali traumę Georgija – śmierć ojca i brata w wojnach z Rosją – odwracając ją przeciwko Tbilisi. Wmawiano mu, że Gruzja jest słaba, a Putin to zbawca. Po wstępnym kontakcie przerzucono go do Moskwy. W tajnym ośrodku, zwanym przez nas „uniwersytetem sabotażu", przeszedł kurs zabójstw, infiltracji i ideologicznego prania mózgu.

Żądza odwetu okazała się silniejsza niż wyrzuty sumienia.

– Jesteś naszym ostrzem w sercu wroga. Dla Rosji. Dla sprawiedliwości – powtarzali oficerowie GRU, wtłaczając mu te słowa jak gwoździe do trumny jego dawnego życia.

Każda sesja szkoleniowa rozniecała w Georgiju euforię władzy, ale zostawiała też żar wątpliwości.

Każdy strzał na strzelnicy przypominał mu o wolności, którą oddał za iluzję zemsty. Dostawał fałszywe paszporty, pieniądze, kontakty. Misje planowano z

zegarmistrzowską precyzją. Zależność rosła. Czuł się marionetką, lecz powtarzał sobie, że to braterstwo. W nocy, gdy wspomnienie gruzińskich gór wracało jak cień, pytał lustra: – Dla ojca? Czy już tylko dla nich?

GRU gasiło wątpliwości kolejnymi sukcesami. Sumienie spalało się powoli, jak papieros w popielniczce.

Polska została uratowana. Ale cena – polegli, ranni, spalony helikopter – wbijała się w nas jak niewidzialny sztylet.

Sala sytuacyjna ABW. Powietrze gęste od dymu Karolaka, szumu wentylatorów i zapachu strachu. Ekrany rzucały niebieskie światło na zmęczone twarze. Plac Zamkowy falował tłumem. Prezydent

Romanowski wchodził na podium z uśmiechem, który nie sięgał oczu. Helikoptery krążyły nad miastem jak sępy.

Karolak stał pochylony nad konsolą. Żółtawa cera lśniła od potu, knykcie białe od zaciskania pięści. Ja – Janusz – czułem, jak prawa noga drętwieje, stara genetyczna pamiątka kłuje jak igła. Mariola krążyła po sali, tablet w dłoniach jak talizman. Anna i Karol siedzieli w kącie zbyt spokojni, ich spojrzenia zbyt czyste. Coś we mnie wtedy drgnęło – intuicja, której jeszcze nie umiałem nazwać.

– Status? – warknął Karolak, głos chropowaty od papierosów i nerwów. Pięść uderzyła w blat.

– Prezydent na podium. Tysiąc osób. Snajperzy na dachach. Helikoptery w powietrzu – zameldował oficer. – Ale... Gargaszwili zniknął. Ostatni sygnał z Alei Krakowskiej. Potem cisza.

Cisza, która zabija.

Serce podskoczyło mi do gardła. Ból w nodze eksplodował, ale zagryzłem wargę. Georgij Gargaszwili – gruziński chłopak z gór, którego Rosja złamała i przekuła w broń. Ojciec i brat zabici rosyjskimi bombami, a on teraz służył tym, którzy ich zabili. „Dla Rosji, dla zemsty" – słyszeliśmy to na nagraniach setki razy. Głos pełen nienawiści i rozpaczy.

Teraz polował na nas.

Snajper na dachu. Samochód-pułapka.

Helikopter gotowy runąć na plac. Symfonia chaosu wyreżyserowana przez GRU, by w święto Konstytucji rozedrzeć serce Polski w samo serce.

Zegar tykał. Stawka nigdy nie była wyższa.

– Gdzie on jest, do cholery?! – krzyknąłem, waląc pięścią w stół.

Mariola położyła mi dłoń na ramieniu. Krótko. Bez słów. Wiedzieliśmy oboje, że nie ma czasu.

Ekrany ożyły. Kamera z drona: Plac Zamkowy, prezydent wchodzi na podium.

– Strzał! – wrzasnął oficer. – Dach, za kominem!

Kula świsnęła. Agentka ochrony rzuciła się na prezydenta. Padła. Martwa.

– Helikoptery, namierzyć snajpera! – ryknął Karolak. – Janusz, Mariola – na plac! Anna, Karol – radio!

Wybiegliśmy. Silnik SUV-a zawył, Warszawa migała za szybą.

Radio trzeszczało: snajper ucieka po dachach, samochód z bombą od północy, wrogi helikopter uzbrojony.

Dotarliśmy w chaos. Dym, krew, wrzaski. Prezydent ranny, ale żywy. Krew na uchu.

– Snajper na dachu po lewej! – krzyknął szef ochrony. – Bomba nadjeżdża!

– Rozdzielamy się! – rozkazałem. – Mariola – dach. Ja – samochód.

Mariola skinęła głową i zniknęła w klatce schodowej.

Czarny SUV pędził prosto na barykadę. Kierowca – Ukrainiec, oczy szalone – ściskał detonator.

– Stój!

Przyspieszył.

Strzeliłem w oponę. Huk, szkło, dym. Wyskoczył z nożem. Powaliłem go, kajdanki.

Na dachu Mariola dopadła Gruzina.

– Rzuć broń, Georgij!

– Za ojca! – wrzasnął i strzelił.

Chybił. Ona nie. Trafiła w ramię. Upadł.

– GRU mnie zmusiło... – wychrypiał.

Nad placem wrogi helikopter odpalił rakiety. Nasz odpowiedział. Trafienie. Maszyna runęła w płomieniach na parking.

– Cel zneutralizowany – padło w radiu.

Prezydent, blady, ścisnął mi rękę. – Dziękuję.

– Straciliśmy Kasię – powiedział szef ochrony cicho.

Romanowski zamknął oczy. Łza spłynęła po policzku.

Wtedy z centrali głos Karolaka:

– Zdrada wewnątrz. Aresztować Annę i Karola. Natychmiast.

W sali sytuacyjnej agenci rzucili się na nich. Anna krzyknęła. Karol nawet nie próbował się bronić.

– GRU nas zmusiło... – wyszeptał tylko.

Karolak walnął pięścią w stół tak, że popękała płyta.

– Do celi. Obu.

Mariola zeszła z dachu. Przytuliła mnie wśród dymu i sy Rn karetek.

– Udało się – szepnęła.

Nie odpowiedziałem. Myślałem o Kasiu. O krwi na asfalcie. O tym, że jutro będzie kolejny dzień i kolejna cena.

Wróciłem do domu nad ranem. Ilona spała. Marta czekała przy stole. Nic nie mówiła. Tylko przytuliła mocno.

– Jesteś – powiedziała.

– Jestem – odparłem.

I wiedziałem, że to wszystko, co naprawdę się liczy.

Koniec

Oto **Akt 1** w pełnej formie scenariusza filmowego (ok. 26 minut ekranowego czasu).

Tytuł roboczy: **8 DNI DO KONSTYTUCJI**

FADE IN:

EXT. PLAC ZAMKOWY – DZIEŃ (3 MAJA) – TEASER

Chaos. Tłum. Flagowy. Helikoptery. Prezydent ROMANOWSKI wchodzi na podium.

Z dachu kamienicy – punkt widzenia snajpera. Celownik. Krzyżyk na głowie prezydenta.

Strzał.

Kula świsnęła obok ucha Romanowskiego. Agentka ochrony KASIA (28) rzuca się na prezydenta. Druga kula trafia ją w szyję. Krew tryska na biało-czerwoną flagę.

Z dachu – GEORGIJ GARGASZWILI (34), blizna na policzku, oczy szalone – biegnie po dachówkach. Skok na sąsiedni dach. Helikopter ABW otwiera ogień. Georgij znika w dymie.

Tytuł na czarnym ekranie:

3 MIESIĄCE WCZEŚNIEJ

SMASH CUT TO:

INT. MIESZKANIE JANUSZA – NOC

JANUSZ (42), zmęczony, prawa noga drży z bólu, siedzi przy stole. Przed nim zdjęcie – on, MARTA (38) i ILONA (6).

MARTA wchodzi z kubkiem herbaty. Całuje go w czoło.

EMARTA

Nie śpisz znowu?

JANUSZ

Coś się szykuje. Czuję to w kościach.

Telefon. Karolak.

KAROLAK (V.O.)

Janusz. Do centrali. Teraz.

CUT TO:

INT. CENTRALA ABW – POKÓJ OPERACYJNY – NOC

KAROLAK (55), twarz jak z granitu, rzuca teczkę na stół.

KAROLAK

GRU szykuje coś dużego na 3 maja. Plac Zamkowy. Prezydent.

Nie wiemy co. Wiemy tylko, że ktoś z naszych przecieka.

Janusz otwiera teczkę. Zdjęcia z seks-imprez. Dyplomaci. Anna i Karol – uśmiechnięci, nadzy do pasa.

KAROLAK (CONT'D)

Najwięcej przecieków płynie przez warszawskie kluby swingersów.

Musisz tam wejść. Jesteś idealny – nikt cię nie zauważy.

JANUSZ

Szefie, ja mam rodzinę.

KAROLAK

Właśnie dlatego ci ufamy.

CUT TO:

EXT. WILL A NA MOKOTOWIE – NOC (2 TYGODNIE PÓŹNIEJ)

Janusz w smokingu, sztywny jak deska, wchodzi do luksusowej willi. Muzyka dudni. Gołe ciała. Maska na twarzy.

W środku – ANNA (36), piękna, drapieżna. KAROL (40), jej mąż, uśmiech jak wilk.

Anna podchodzi do Janusza. Dotyk zbyt długi.

ANNA

Pierwszy raz?

JANUSZ

Tak.

ANNA

Nie bój się. Tu nikt nie ocenia.

Karol podaje Janusowi drinka. W tle – Rosjanin w garniturze przekazuje Karolowi małego pendrive'a. Janusz widzi to kątem oka.

CUT TO:

INT. CENTRALA ABW – NOC

Janusz rzuca zdjęcia na stół Karolaka.

JANUSZ

Karol i Anna. Coś z nimi nie gra.

KAROLAK

Tylko seks-klub. Ale sprawdzimy.

CUT TO:

INT. MOSKWA – POKÓJ PRZESŁUCHAŃ GRU – TEN SAM CZAS

Georgij Gargaszwili na krześle. Rekruter GRU (50) stawia przed nim zdjęcie ojca i brata – trupy w gruzińskim błocie.

REKRUTER GRU

Gruzja cię zdradziła. Polska cię zdradziła. NATO cię zdradziła.

Rosja da ci zemstę.

Georgij kiwa głową. Łzy w oczach.

CUT TO:

INT. CENTRALA ABW – SALA SYTUACYJNA – 25 KWIETNIA

Drzwi otwierają się z hukiem. Wbiega MAJOR Z UCIECZKI (uciekinier z GRU).

MAJOR

3 maja. Plac Zamkowy. Wielopoziomowy zamach na prezydenta.

Snajper. Bomba. Helikopter. I ktoś z waszych jest w środku.

Karolak patrzy na Janusza. Janusz patrzy na zdjęcia Anny i Karola.

Zegar na ścianie pokazuje: 8 DNI DO 3 MAJA

KAROLAK

Znajdź zdrajcę, Janusz. Zanim zabiją prezydenta. I zanim zabiją ciebie.

Janusz kiwa głową. W oczach ma strach i determinację.

SMASH CUT TO BLACK.

Tytuł na ekranie:

8 DNI DO KONSTYTUCJI

END OF ACT ONE

```
```

AKT 2

Tytuł na ekranie: **7 DNI DO 3 MAJA**

Czas trwania: ok. 48–52 minut (strony 27–78 scenariusza)

```

FADE IN:

INT. CENTRALA ABW – NOC – 7 DNI DO ZAMACHU

Zegar ścienny tyka głośno. Na tablicy: zdjęcia Georgija, Anny, Karola, schemat Placu Zamkowego, czerwone strzałki.

KAROLAK (do zespołu)

Od dziś żyjemy tym zamachem. 168 godzin.

Żadnych urlopów, żadnych tajemnic.
```

Janusz – ty jesteś oczami wewnątrz tej pary.

Mariola – dasz mu osłonę.

Anna i Karol – monitorujecie nasłuch. I pilnujecie się nawzajem.

Anna uśmiecha się słodko. Karol kiwa głową. Zbyt spokojni.

CUT TO:

EXT. UL. ŻURAWIA – APARTAMENT ANNY I KAROLA – NOC

Janusz i Mariola w nieoznakowanym vanie. Podsłuch w torebce Anny już działa.

W środku mieszkania:

Anna i Karol kłócą się po rosyjsku.

KAROL (po ros.)

Jeszcze tydzień i jesteśmy wolni. Moskwa obiecała nowe życie.

ANNA (po ros.)

A jeśli nas spalą przed terminem?

KAROL

Wtedy bierzemy Georgija i robimy to sami. Zabiliśmy już więcej niż jedną agentkę.

Janusz i Mariola patrzą na siebie. Krew odpływa im z twarzy.

MARIOLA (szeptem)

Mamy ich.

JANUSZ

Nie jeszcze. Potrzebujemy dowodu, że Georgij jest ich.

CUT TO:

MONTAŻ – 6 DNI

- Janusz śledzi Annę na kolejnej imprezie. Widzi, jak przekazuje Georgijowi plan Placu Zamkowego.
- Mariola włamuje się do sejfu Karola – znajduje fałszywe paszporty i 500 000 euro w gotówce.
- Georgij trenuje na opuszczonej strzelnicy pod Warszawą – 800 metrów, wiatr 4 m/s, trafia w sylwetkę prezydenta 9/10.

5 DNI DO ZAMACHU

INT. CENTRALA ABW – GABINET KAROLAKA – WIECZÓR

Janusz kładzie na biurku nagranie i zdjęcia.

JANUSZ

Mamy wszystko. Aresztujemy ich dziś w nocy.

KAROLAK

Nie. Za wcześnie. Jeśli ich weźmiemy, Georgij zniknie. Musimy złapać go z bronią w ręku. 3 maja. Na placu. Żywego albo martwego.

Janusz zaciska pięści. Wie, że to oznacza ryzyko życia prezydenta.

CUT TO:

4 DNI – NOC

INT. MIESZKANIE JANUSZA – SYPIALNIA

Janusz nie śpi. Marta głaszcze go po plecach.

MARTA

Obiecałeś, że to ostatnia duża sprawa.

JANUSZ

Obiecałem, że wrócę żywy. I dotrzymam.

Całują się. Długo. Jakby jutro mogło nie być.

CUT TO:

3 DNI – DZIEŃ

EXT. LAS KABACKI – TAJNE SPOTKANIE

Anna i Karol przekazują Georgijowi ostateczne koordynaty i karabin AXMC z tłumikiem.

GEORGIJ

jeśli president będzie miał osłonę balistyczną?

ANNA

Wtedy jest plan B. Samochód-pułapka na Alei Krakowskiej. Plan C – helikopter. My tylko otwieramy drzwi. Ty wchodzisz.

Georgij kiwa głową. W jego oczach już nie ma wahania – tylko stal.

CUT TO:

2 DNI – NOC

INT. CENTRALA ABW – SALA SYTUACYJNA

Karolak rozstawia zespoły. 120 agentów, snajperzy, helikoptery, psy, drony.

KAROLAK

Pamiętajcie: Georgij ma być żywy. Chcemy wiedzieć, kto jeszcze.

Anna i Karol siedzą przy konsolach. Anna dyskretnie wysyła SMS: „Gotowi. 3 maja 11:47".

Janusz zauważa. Chwyta jej telefon – za późno, wiadomość poszła.

JANUSZ

Ty suko.

Anna uśmiecha się. Po raz pierwszy bez maski.

ANNA

Za późno, Janusz. Zegarmistrz już nakręcił mechanizm.

Janusz rzuca się na nią – Mariola i dwaj agenci ledwo go odciągają.

KAROLAK

Do celi! Obu! Ale cicho – media nie mogą wiedzieć.

CUT TO:

1 DZIEŃ – WIECZÓR

INT. CELA ANNY

Janusz wchodzi sam.

JANUSZ

Dlaczego?

ANNA

Bo mogliśmy. Bo dawali nam wszystko, czego wy nigdy nie daliście.

Wolność, pieniądze, władzę nad wami.

JANUSZ

Zabiliście Kasię. Zabiliście naszych.

ANNA

A ilu wy zabiliście w Iraku, w Afganistanie? Świat to nie bajka, Janusz.

Janusz wychodzi. Trzaska drzwiami.

CUT TO:

1 DZIEŃ – NOC PRZED ZAMACHEM

INT. MIESZKANIE JANUSZA

Ilona śpi. Janusz pakuje jej mały plecaczek do szkoły. Wkłada karteczkę: „Tata cię kocha. Zawsze wrócę."

Marta patrzy z drzwi. Oczy pełne łez.

MARTA

Jak będziesz na placu... pamiętaj, że ktoś czeka.

JANUSZ

Pamiętam.

Całują się. Ostatni raz przed świtem.

CUT TO:

3 MAJA – 6:00 RANO

MONTAŻ PRZYGOTOWAŃ

- Georgij ładuje karabin na dachu kamienicy przy ul. Krakowskie Przedmieście.
- Samochód-pułapka (czarny SUV, 300 kg trotylu) rusza z Pragi.
- Helikopter Mi-8 z rosyjskimi znakami startuje z lotniska pod Mińskiem Mazowieckim (przekupiony kontroler lotów).
- 120 agentów ABW zajmuje pozycje. Janusz w kamizelce, z karabinkiem Beryl.
- Prezydent Romanowski wychodzi z Pałacu Prezydenckiego. Uśmiech dla kamer.

Zegar na ekranie: 11:37

Karolak przez radio:

KAROLAK

Georgij na dachu. Samochód 12 minut od placu.

Helikopter 8 minut.

Czekamy na sygnał prezydenta na podium.

Wtedy zamykamy pułapkę.

Janusz spogląda w niebo. Słońce świeci idealnie.

Zegar: 11:46

Prezydent wchodzi na podium.

Zegar: 11:47

Georgij przykłada oko do lunety.

GEORGIJ (szeptem)

Za ojca.

Palec na spuście.

SMASH CUT TO BLACK.

Głos Karolaka przez radio:

KAROLAK

OGNIA!

Tytuł na czarnym ekranie:

KONIEC AKT 2

CLIFFHANGER: strzał padł czy nie padł? Georgij żyje czy nie?

Prezydent żyje czy nie?

AKT 3

Tytuł na ekranie: **3 MAJA – 11:47**

```

STRZAŁ.
```

Kula przebija powietrze.

ZAMROŻONY OBRAZ.

Dźwięk wyłącza się całkowicie.

Kula leci w zwolnionym tempie.

Prezydent ROMANOWSKI otwiera usta do słów „Drodzy rodacy..."

Kula trafia w mikrofon. Mikrofon eksploduje. Romanowski zostaje tylko draśnięty w ucho. Krew spływa po szyi.

Agentka KASIA (ta sama z teasera) rzuca się na prezydenta. Druga kula trafia ją prosto w serce. Upada martwa na biało-czerwoną flagę.

Dźwięk wraca z hukiem.

Chaos.

INT. SALA SYTUACYJNA ABW – W TYM SAMYM MOMENCIE

Karolak wali pięścią w konsolę.

KAROLAK

Snajper żyje! Helikopter w powietrzu!
Samochód-pułapka 4 minuty od placu!
Janusz – dach! Mariola – barykada!

EXT. PLAC ZAMKOWY – CIĄGŁE

Janusz biegnie po schodach na dach. Noga pali bólem, ale nie zatrzymuje się.

Na dachu – GEORGIJ przeładowuje.

GEORGIJ

Jeszcze jedna...

Janusz wpada na dach. Celuje.

JANUSZ

Rzuć broń, Georgij!

Georgij odwraca się. Oczy puste.

GEORGIJ

Za późno, Polaku.

Strzela. Janusz uskakuje – kula drasnęła ramię. Janusz oddaje ogień. Trafia Georgija w nogę.

Georgij pada. Karabin leci w dół.

GEORGIJ

Zabiliście mojego ojca... mojego brata...

eJANUSZ

A ty właśnie zabiłeś Kasię. I prawie prezydenta.

Georgij sięga po granat. Janusz kopie mu rękę. Granat toczy się po dachu.

Obaj patrzą na siebie. Dwie złamane dusze.

Janusz podnosi broń.

JANUSZ

Dla mojej córki.

Strzela. Georgij pada martwy.

EXT. ALEJA KRAKOWSKA – W TYM SAMYM CZASIE

Mariola stoi na barykadzie. Czarny SUV pędzi 160 km/h.

Kierowca (Ukrainiec z tatuażami) trzyma detonator w zębach.

Mariola celuje z granatnika przeciwpancernego.

MARIOLA

Dla Kasi.

Strzela. SUV eksploduje 300 metrów przed barykadą. Fala uderzeniowa przewraca agentów.

EXT. NIEBO NAD WARSZAWĄ

Wrogi helikopter Mi-8 otwiera ogień rakietami na plac.

Dwa polskie Black Hawki wchodzą w pojedynek.

PILOT ABW

Lis 1, mam go!

Rakieta z polskiego helikoptera trafia w silnik Mi-8. Maszyna wiruje i spada na parking przy Zamku. Eksplozja.

EXT. PLAC ZAMKOWY – CHWILĘ PÓŹNIEJ

Dym. Krzyki. Syreny.

Janusz schodzi z dachu, ramię krwawi.

Mariola biegnie do niego. Przytulają się wśród chaosu.

Prezydent Romanowski, z zakrwawionym uchem, podchodzi do Janusza.

ROMANOWSKI

Jesteś bohaterem, kapitanie.

JANUSZ

Straciliśmy Kasię, panie prezydencie.

Romanowski kładzie dłoń na ramieniu martwej agentki.

ROMANOWSKI

Nigdy jej nie zapomnimy.

INT. CENTRALA ABW – PÓŹNIEJ TEGO DNIA

Anna i Karol w kajdankach. Przed nimi akta.

KAROLAK

Wymiana? Nigdy. Dożywocie. W Rawiczu.

Anna patrzy na Janusza.

ANNA

Wygrałeś, Janusz. Ale oni i tak wrócą. Zawsze wracają.

Janusz podchodzi blisko.

JANUSZ

A my zawsze będziemy czekać.

INT. MIESZKANIE JANUSZA – WIECZÓR

Janusz wchodzi. Ilona rzuca się w ramiona.

ILONA

Tato! Widziałam w telewizji dym!

Janusz klęka, tuli ją mocno.

Marta stoi w drzwiach. Łzy w oczach, ale uśmiech.

MARTA

Wróciłeś.

JANUSZ

Zawsze wracam.

Całują się nad głową Ilony.

Zza okna – fajerwerki z okazji święta 3 maja. Czerwone i białe.

Janusz spogląda w niebo. Wie, że jutro będzie kolejny Georgij. Kolejna Anna.

Ale dzisiaj...

Dzisiaj Polska żyje.

FADE OUT.

NAPISY KOŃCOWE

Na czarnym ekranie:

Dla tych, którzy osłaniają nas własnym ciałem.

Kasia i wszyscy polegli agenci ABW, którzy nigdy nie zobaczą napisów końcowych.

KONIEC